应用型高校电子商务专业校企合作人才培养模式的研究

李红艳◎著

哈尔滨出版社
HARBIN PUBLISHING HOUSE

图书在版编目（CIP）数据

应用型高校电子商务专业校企合作人才培养模式的研究/李红艳著. --哈尔滨：哈尔滨出版社，2024.7
ISBN 978-7-5484-7936-9

Ⅰ.①应… Ⅱ.①李… Ⅲ.①高等学校－电子商务－产学合作－人才培养－培养模式－研究－中国 Ⅳ.①F713.36-4

中国国家版本馆 CIP 数据核字(2024)第 110891 号

书　　名：应用型高校电子商务专业校企合作人才培养模式的研究
YINGYONGXING GAOXIAO DIANZI SHANGWU ZHUANYE XIAOQI HEZUO RENCAI PEIYANG MOSHI DE YANJIU

作　　者：李红艳　著
责任编辑：孙　迪

出版发行：哈尔滨出版社（Harbin Publishing House）
社　　址：哈尔滨市香坊区泰山路82-9号　邮编：150090
经　　销：全国新华书店
印　　刷：北京四海锦诚印刷技术有限公司
网　　址：www.hrbcbs.com
E－mail：hrbcbs@yeah.net
编辑版权热线：（0451）87900271　87900272
销售热线：（0451）87900202　87900203

开　　本：710mm×1000mm　1/16　印张：13.25　字数：220千字
版　　次：2024年7月第1版
印　　次：2024年7月第1次印刷
书　　号：ISBN 978-7-5484-7936-9
定　　价：68.00元

前　言

　　随着信息技术的迅猛发展，电子商务已成为推动社会经济发展的重要引擎。应用型高校作为培养电子商务专业人才的重要基地，肩负着为社会输送高素质、实践能力强的人才的重任。校企合作作为人才培养的有效模式，能够将理论知识与实践技能紧密结合，提升学生的综合素养和就业竞争力。基于此，高校电子商务人才培养必须与企业需求紧密结合在一起，不断探索与创新电子商务专业校企合作新模式。

　　本书从介绍校企合作的组织与运行、校企合作类型及选择入手，分析电子商务的内涵及发展、就业方向及前景，以及人才培养的社会需求。接着探讨电子商务专业人才培养的目标定位、能力要求、影响因素和模式构建。最后，通过"双证融通"、互联网思维、工作室模式和创新创业导向等多种实践案例，提出了校企合作背景下电子商务专业人才培养的创新路径选择。本书旨在为高校电子商务专业教育工作者提供有益的参考和借鉴，以培养出更多适应社会需求的高素质电子商务人才。

　　全书结构严谨，内容翔实，通俗易懂，理论结构合理，力求为相关读者扩充知识，拓展知识面与视野。

　　在本书的写作过程中，笔者参考了很多相关专家的研究文献，也得到了许多专家学者的帮助，在此表示诚挚的感谢。虽然在成书过程中，笔者进行了多次修改与校验，但限于自身水平，书中难免会有疏漏，恳请广大读者批评指正，从而使本书更加完善。

目　录

绪 论

随着信息技术的不断发展和互联网的普及，电子商务作为一种全新的商业模式，已经在全球范围内迅速兴起并得到广泛应用。电子商务的快速发展不仅改变了传统商业模式，而且对人才培养提出了新的挑战与需求。在这一背景下，应用型高校作为人才培养的重要阵地，肩负着培养适应时代需求的专业人才的重任。

一、研究背景

电子商务作为一种新型商业模式，自诞生之日起就持续地深刻影响着传统商业领域的发展方向。随着信息技术的飞速发展和互联网的普及，电子商务市场日益扩大，行业呈现蓬勃发展之势。这种快速的发展带来了对电子商务专业人才的急迫需求，行业对于具备实践经验和专业技能的人才的需求更为迫切。

然而，当前的电子商务专业人才培养面临着一些挑战和问题。首先，部分高校的电子商务专业人才培养与市场需求存在较大脱节问题，导致毕业生在实际工作中难以适应和应对挑战。其次，一些传统的人才培养模式注重理论知识传授，却缺乏对实践能力的培养，无法满足行业对于应用型人才的需求。再次，行业的发展速度和变化频率较快，传统的教学模式难以跟上行业的发展趋势，导致学生所学内容与实际需求不匹配。

因此，探索应用型高校电子商务专业校企合作人才培养模式具有重要的理论和实践意义。通过与行业企业的合作，学校可以更加深入地了解行业的需求和发展动态，为学生提供更加符合实际的教学内容和实践机会。同时，校企合作可以有效弥补学校教学资源和行业实践需求之间的差距，促进学生的全面发展和就业能力的提升。因此，本研究旨在探索应用型高校电子商务专业校企合作人才培养模式，以期为相关研究和实践提供参考与借鉴，促进电子商务专业人才培养模式的不断创新与完善。

二、基本理论

(一) 人力资本理论

人力资本理论最早起源于经济学研究。20 世纪 60 年代，美国经济学家舒尔茨和贝克尔提出了人力资本理论，开辟了关于人类生产能力的崭新思路。人力资本理论认为物质资本指物质产品上的资本，包括厂房、机器、设备、原材料、土地、货币和其他有价证券等；而人力资本则是体现在人身上的资本，即对生产者进行教育、职业培训等支出及其在接受教育时的机会成本等的总和，表现为蕴含于人身上的各种生产知识、劳动与管理技能以及健康素质的存量总和。根据企业发展战略的要求，通过有计划地对人力资源的优化配置，激发员工的积极性和创造性，提高生产率和经济效益，推动企业发展，是人力资本管理的主要任务。

1. 人力资本理论的主要内容

人力资本理论极力主张人力资本对经济活动的重要影响，指出人力资本是凝聚在劳动者身上的知识、技能及其所表现出来的能力，它形成于教育、医疗保健、劳动力在国际上的流动及信息获得等众多途径，其主要观点有以下三方面。

第一，人力资源是一切资源中最主要的资源。人力资本理论是经济学的核心问题。我们需要把人力资本理论作为经济学的核心问题来研究。

第二，人力资本的作用大于物质资本的作用。空间、能源和耕地并不能决定人类的前途，人类的前途将由人类的才智的进化来决定。另外，在现代化生产条件下，当代劳动生产率的提高，正是人力资本大幅度增长的结果。在国际上一些国家，人力资本以比物质资本快得多的速度在增长，因而国民收入比物质资源增长的速度快得多，劳动者的实际收入明显增加，这正反映了人力资本投资的收益。

第三，教育投资是人力资本的核心。人力资本包括人口数量和质量，而提高人口质量更为重要。教育是提高人口质量的主要手段之一。教育投资是使隐藏在人体内部的能力得以增长的一种生产性投资。提高人口质量的关键是教育投资。因为各国人口的先天素质和潜在能力基本上是均衡的，换言之，是相近似的，但是后天获得的知识、技能和能力是有差别的。人口质量与素质是不完全相同的，其根本原因是各国教育投资水平不同，社会平均教育程度不同。教育投资比物力投资更有利，会带来更多的利润。

2. 人力资本理论对校企合作的启示

教育所培养的具有知识、技能的人才要适用于实际劳动业产的需要。校企合作是培养具有实践能力的人才的一条极佳途径。人力资本理论使得整个教育体系及产业职业经济部门都受到挑战。一方面，产业部门逐渐认识到企业职业生存、发展的关键不仅在于有形资产，还在于拥有高素质职业技术应用型人才。因此，产业界积极主动与应用型高校合作，职业与学校共同培养高素质人才，以提高企业的发展潜力。另一方面，应用型高校由于教育经费与生源竞争产生的职业压力，希望和产业部门合作以获得支持也就成为一种必然。为此，应用型高校走向社会大市场，而校企合作职业则成为产业部门和教育部门适应社会变革的一种理性选择，职业企业与学校鉴于双方的利益而最终促成校企合作。

（二）建构主义理论

建构主义是经历了行为主义、认知主义、客观主义之后，逐渐发展起来的一种学习理论。建构主义理论的主要代表人物有皮亚杰、科恩伯格、斯滕伯格、卡茨、维果斯基。

皮亚杰是认知发展领域最有影响的一位心理学家，他关于儿童认知发展的学派被称为日内瓦学派。皮亚杰关于建构主义的观点是，儿童是在与周围环境相互作用的过程中，逐步建构起关于外部世界的知识，从而使自身认知结构得到发展的。儿童与环境的相互作用涉及两个基本过程，即"同化"与"顺应"。同化是指个体把外界刺激所提供的信息整合到自己原有认知结构内的过程；顺应是指个体的认知结构因外部刺激的影响而发生改变的过程。同化是认知结构数量的扩充，而顺应则是认知结构性质的改变。认知个体通过同化与顺应这两种形式来达到与周围环境的平衡：当儿童能用现有图式去同化新信息时，他处于一种平衡的认知状态；而当现有图式不能同化新信息时，平衡即被破坏，而修改或创造新图式（顺应）的过程就是寻找新的平衡的过程。儿童的认知结构就是通过同化与顺应过程逐步建构起来，并在"平衡—不平衡—新的平衡"的循环中得到不断的丰富、提高和发展。

在皮亚杰的"认知结构说"的基础上，科恩伯格对认知结构的性质与发展条件等方面做了进一步的研究；斯滕伯格和卡茨等人对认知过程中如何发挥个体的主动性做了认真的探索。另外，维果斯基的"文化历史发展理论"，强调认知过程中学习者所处社会文化历史背景的作用，维果斯基的"最近发展区"又认为，个体的学习是在一定的历史、社会文化背景下进行的，社会可以为个体的学习发展起到重要的支持和促进作用。维果斯基区分了个体发展的两种水平：现实的发展水平和潜在的发展水平，现实的发展水平即个体独立活动所能达到的水平，而潜在的发展水平则是指个体在成人或比他成熟的个体的帮助下所能达到的活动水平，这两种水平之间的区域即"最近发展区"。在此基础上以维果斯基为首的维列鲁学派深入地研究了"活动"和"社会交往"在人的高级心理机能发展中的重要作用。所有这些研究都使建构主义理论得到进一步丰富和完善，为实际应用于教学过程创造了条件。

建构主义理论的内容很丰富，但其核心可以用一句话概括：以学生为中心，强调学生对知识的主动探索、主动发现和对所学知识意义的主动建构（而不是像传统教学那样，只是把知识从教师头脑中传送到学生的笔记本上）。以学生为中心，强调的是"学"；以教师为中心，强调的是"教"，这正是两种教育思想、教学观念最根本的分歧点，由此而发展出两种对立的学习理论、教学理论和教学设计理论。由于建构主义所要求的学习环境得到了当代最新信息技术成果的强有力支持，这就使建构主义理论日益与广大教师的教学实践普遍地结合起来，从而成为国内外学校深化教学改革的指导思想。

1. 建构主义学习理论的主要内容

（1）关于学习含义。

建构主义认为，知识不是通过教师传授得到，而是学习者在一定的情境即社会文化背景下，借助其他人（包括教师和学习伙伴）的帮助，利用必要的学习资料，通过意义建构的方式而获得。由于学习是在一定的情境即社会文化背景下，借助其他人的帮助即通过人际间的协作活动而实现的意义建构过程，因此建构主义学习理论认为"情境""协作""会话"和"意义建构"是学习环境中的四大要素或四大属性。

第一，"情境"。学习环境中的情境必须有利于学生对所学内容的意义建构，这就对教学设计提出了新的要求，换言之，在建构主义学习环境下，教学设计不仅要考虑教学目标分析，还要考虑有利于学生建构意义的情境的创设问题，并把情境创设看作是教学设计的最重要内容之一。

第二，"协作"。协作发生在学习过程的始终。协作对学习资料的搜集与分析、假设的提出与验证、学习成果的评价直至意义的最终建构均有重要作用。

第三，"会话"。会话是协作过程中的不可或缺的环节。学习小组成员之间必须通过会话商讨如何完成规定的学习任务的计划；此外，协作学习过程也是会话过程，在此过程中，每个学习者的思维成果（智慧）为整个学习群体所共享，因此，会话是达到意义建构的重要手段之一。

第四，"意义建构"。"意义建构"是整个学习过程的最终目标。所要建构的意义是指：事物的性质、规律以及事物之间的内在联系。在学习过程中，帮助学生建构意义就是要帮助学生对当前学习内容所反映的事物的性质、规律以及该事物与其他事物之间的内在联系达到较深刻的理解，这种理解在大脑中的长期存储形式就是前面提到的"图式"，也就是关于当前所学内容的认知结构。由以上所述的"学习"的含义可知，学习的质量是学习者建构意义能力的函数，而不是学习者重现教师思维过程能力的函数。换言之，获得知识的多少取决于学习者根据自身经验去建构有关知识的意义的能力，而不取决于学习者记忆和背诵教师讲授内容的能力。

（2）关于学习方法。

建构主义提倡在教师指导下的、以学习者为中心的学习。换言之，既强调学习者的认知主体作用，又不忽视教师的指导作用。教师是意义建构的帮助者、促进者，而不是知识的传授者与灌输者。

学生是信息加工的主体，是意义的主动建构者，而不是外部刺激的被动接受者和被灌输的对象。学生要成为意义的主动建构者，就要求学生在学习过程中从以下方面发挥主体作用：第一，要用探索法、发现法去建构知识的意义。第二，在建构意义过程中要求学生主动去搜集并分析有关的信息和资料，对所学习的问题要提出各种假设并努力加以验证。第三，要把当前学习内容所反映的事物尽量和自己已经知道的事物相联系，并对这种联系加以认真的思考。"联系"与"思考"是意义构建的关键。如果能把联系与思考的过程与协作学习中的协商过程

（即交流、讨论的过程）结合起来，则学生建构意义的效率会更高、质量会更好。协商有"自我协商"与"相互协商"（也叫"内部协商"与"社会协商"）两种。自我协商是指自己和自己争辩哪些是正确的，相互协商则指学习小组内部相互之间的讨论与辩论。

教师要成为学生建构意义的帮助者，就要求教师在教学过程中从以下方面发挥指导作用：第一，激发学生的学习兴趣，帮助学生形成学习动机。第二，通过创设符合教学内容要求的情境和提示新旧知识之间联系的线索，帮助学生建构当前所学知识的意义。第三，为了使意义建构更有效，教师应在可能的条件下组织协作学习（开展讨论与交流），并对协作学习过程进行引导使之朝有利于意义建构的方向发展。引导的方法包括：提出适当的问题以引起学生的思考和讨论；在讨论中设法把问题一步步引向深入，以加深学生对所学内容的理解；要启发诱导学生自己去发现规律、自己去纠正和补充错误的或片面的认识。

2. 构建主义理论对校企合作的启示

建构主义学习理论强调学生自己对知识、技能的主动建构。传统职业教育教学过程观是建立在客观主义认识论基础之上的，认为教学便是有效地传递知识和技能，而建构主义认为知识是主体在适应环境的过程中所建构的，是主体所赋予他自己的经验流的一种形式。由于学生的原始经验和学习背景不同，他们对事物的理解也不一样，因此单凭课堂描述，学生是无法积极主动地进行意义建构，必须提供与"现实生产场景"交互作用的经历，学习者才能在这一过程中通过判断、理解完成对知识、技能的意义建构。因此，从职业教育学习特点来看，必须实行工学结合，依托行业、企业的教育资源完成学习者的技能训练，实行校企联合办学，将课堂中的学习与实际工作中的学习结合起来。

（三）协同论理论

哈肯的协同论是研究不同事物共同特征及其协同机理的新兴学科，是近年来获得发展并被广泛应用的综合性学科。协同论着重探讨各种系统从无序变为有序时的相似性。

1. 协同与协同效应

（1）协同。协同论认为，协同是指为实现系统总体演进目标，各子系统或各部门之间相互配合、相互协作、相互支持而形成的一种良性循环态势，它侧重强调双方或多方在同一时刻具有相同的地位、不可替代的作用和同心合力、相互依存、相互配合的关系，还强调系统内部各子系统或各部门之间的合作而产生的新的结构和功能。

（2）协同效应。在企业集团研究中，协同效应是指，合并、重组或兼并两个或多个子企业的总体效应（价值）大于原来各个子系统（企业）效益（价值）的算式和。协同效应也是同协同管理相提并论的一个关键词。

2. 协同管理及其特性

协同论具有广阔的应用范围，它在物理学、化学、生物学、天文学、经济学、社会学以及管理科学等许多学科都取得了重要的应用成果。在企业集团研究中，协同管理是一个重要理念，它是指基于所面临的复合系统的结构功能特征，运用协同原理，根据实现可持续发展的期望目标对系统实现有效管理，以实现系统管理协调并产生协同效应，它是复合系统内各子系统原有不同文化、组织机构与作业方式等方面不协同的一种整合。

对企业集团而言，协同作为一种资源配置方式，主要通过对企业有形资源包括对企业人力、资金、物力以及组织管理等方面的资源共享和对企业无形资源包括对企业品牌、企业形象、商誉以及企业商标权、专利权、特许经营权的共享来创造价值。协同管理的主要特性主要包括以下四方面。

（1）目标性。协同管理足以实现系统总体演进目标为目的的，没有系统总体演进目标，就无须各子系统或部门之间的相宜合作、相互支持和相互促进，系统也就失去了方向性和存在的必要性。

（2）联合性。协同管理是系统在一定的外部环境条件约束下，对系统内部各子系统或各个部门之间的相互联系。系统若无法组织协同，无法使各种子系统或各个部门构成一个整体，也就没有必要组织它们相互合作、相互配合。

（3）网络性。协同管理是以系统外部环境与内部各子系统或各个部门为基础，只有全面掌握，详细划分系统总体中的事物或现象，并形成多层次、多角度、全方位的主体网络体系，才能有效地组织系统协同工作。

（4）动态性。系统协同管理是动态的，而不是静止不变的。系统内各个子系统或各部门之间相互联系以实现系统总体目标的过程中，需要根据系统发展情况，及时给予调控，修订各个子系统或各个部门的目标，以保证系统总体目标的实现。

3. 协同论对校企合作的启示

协同论对校企合作的重要启示主要体现在校企合作的协同管理方面。

（1）校企合作协同管理的目标。

简单的校企合作或具有较高形式的职业教育集团，由区域内的牵头职业教育院校、其他相关参与应用型高校、主要行业企业，在平等自愿、互惠互利的原则上，以合作契约为基础组织而成。从协同论的角度看，这一中介性职业教育联合体是由应用型高校、行业企业等子系统构成的复合系统，这一复合系统虽然是非营利性组织，但它不可避免地具有经济属性，它产生的前提是各个子系统的共同利益，其不断发展的动力源泉在于，通过对学校、企业、相关部门等的"协同管理"，取得"协同效应"，即充分利用合作平台，整合区域内职业教育的有效性，降低行业企业人力资本与技术资本交易的成本。

（2）校企合作协同管理的内容。

学校与企业之间取得这种协同效应，应从以下四个方面进行管理。

第一，利益协同。利益协同是应用型高校与合作企业以及政府相关部门协同管理需要首先处理好的问题。区域内职业教育院校之间存在着教育资源、生源、就业等多方面的竞争，而企业作为非教育组织，在与应用型高校合作过程中其主要动机包括获得人力资源补充、获取由社会声望提升带来的广告效应、获得政府相关税收优惠以及获取优势应用型高校的技术支持等，而应用型高校由于教学需要不得不占用企业生产资源，甚至影响企业正常生产。因此，如何处理好企业与牵头学校、成员之间的利益关系，实现各个子系统，即参与单位的利益最大化，达到"多赢"目的是校企合作长效发展机制中协同管理的首要问题，这一问题处理不好，势必影响到参与单位的积极性，影响到系统目标的实现。

第二，战略协同。利益的不同，甚至利益冲突的存在，势必影响到子系统或各个部门对复合系统存在价值认识上及发展战略设计上的矛盾与冲突。就职业教育校企合作而言，地方政府相关部门对其价值期待能引领区域职业教育协调发展，促进地方经济转型、产业升级，促进社会和谐发展，它在考虑应用型高校与企业间合作发展战略时必然是站在区域全局的高度思考的。应用型高校之间、相关企业之间由于利益的冲突，他们对学校与企业之间的合作关系的价值期待必然有"利己"的特征，在对职业教育集团发展的战略思考上必然存在矛盾和冲突。因此，基于利益协同的战略协同是职业教育校企合作长效机制建立的前提。统一的战略目标，是校企合作健康发展的方向保证。

第三，资源协同。对复合系统进行协同管理是一个创造价值的过程。资源协同的实质是各子系统或各个部门资源进行整合以充分利用的过程，它是发挥协同效应的关键所在。应用型高校与区域内企业的合作，乃至区域性职业教育集团的形成，为区域内应用型高校之间教育资源的整合、行业企业与学校之间的人力资源开发以及技术服务提供了平台和交易规范，它减少了资源的浪费，节约了交易成本，有效提高了职业教育质量。资源协同是职业教育校企合作组建的重要目的，同时也是其发展的重要手段。换言之，资源协同是应用型高校与企业合作发展中协同管理的重点和主体。有效推进资源协同，不断提高资源利用率，减少资源浪费，是判断职业教育校企合作成功与否的重要标志。

第四，文化协同。文化协同是指在应用型高校与相关企业合作关系创建和发展过程中，将相异或矛盾的文化特质，通过互动、对接、整合后形成的一种和谐、协调的文化体系，它应当是职业教育校企合作协同管理的最高阶段。通过协同管理，行业企业的不同文化与不同应用型高校的育人文化，在牵头学校的引领下，在政府主管部门的指导下，逐步在职业教育集团、相关合作单位这一大体系内，形成校、企合作发展的共同的价值观、信念，形成调节系统内部利益的共同遵守的准则和行为方式，形成统一、有效而又富有特色的管理与运营模式，这对于职业教育校企长效合作机制的健康、可持续发展具有隐性但持久的推动力。

（四）利益相关者理论

"利益相关者"一词最早被提出可以追溯到 1984 年，弗里曼出版了《战略管理：利益相关者管理的分析方法》一书，明确提出了利益相关者管理理论。利益相关者管理理论是指企业的经营管理者为综合平衡各个利益相关者的利益要求而进行的管理活动。与传统的股东至上主义相比较，该理论认为任何一个公司的发展都离不开各利益相关者的投入或参与，企业追求的是利益相关者的整体利益，而不仅仅是某些主体的利益。潘罗斯在 1959 年出版的《企业成长理论》中提出"企业是人力资产和人际关系的集合"的观念，从而为利益相关者理论构建奠定了基石。

本书认为，利益相关者是指那些在企业的生产活动中进行了一定的专用性投资，并承担了一定风险的个体和群体，其活动能够影响或改变企业的目标，或受到企业实现其目标过程的影响，这一定义既强调了投资的专用性，又将企业与利益相关的相互影响包括进来，是比较全面和具有代表性的。

1. 利益相关者理论的主要内容

（1）利益相关者理论的多维细分法。

企业的生存和繁荣离不开利益相关者的支持，但利益相关者可以从多个角度进行细分，不同类型的利益相关者对于企业管理决策的影响以及被企业活动影响的程度是不一样的。采用多维细分法可以对利益相关者从不同角度进行划分。

第一，利益相关者由于所拥有的资源不同，对企业产生不同影响，我们可以从三个方面对利益相关者进行细分：①持有公司股票的一类人，如董事会成员、经理人员等，称为所有权利益相关者；②与公司有经济往来的相关群体，如员工、债权人、内部服务机构、雇员、消费者、供应商、竞争者、地方社区、管理结构等称为经济依赖性利益相关者；③与公司在社会利益上有关系的利益相关者，如媒体以及特殊群体，称为社会利益相关者。

第二，从利益相关者对企业产生影响的方式来划分，可以将其分为直接的利益相关者和间接的利益相关者。直接的利益相关者就是直接与企业发生市场交易关系的利益相关者，主要包括股东、企业员工、债权人、供应商、零售商、消费者、竞争者等；间接的利益相关者是与企业发生非市场关系的利益相关者，主要包括地方政府、社会活动团体、媒体、一般公众等。按照相关群体是否与企业存在合同关系，可以将利益相关者分为契约型利益相关者和公众型利益相关者。

第三，从相关群体是否具备社会性以及与企业的关系是否直接由真实的人来建立两个角度，可以比较全面地将利益相关者分为四类：①主要的社会性利益相关者，他们具备社会性和直接参与性两个特征；②次要的社会利益相关者，他们通过社会性的活动与企业形成间接关系，如政府、社会团体、竞争对手等；③主要的非社会利益相关者，它们对企业有直接的影响，却不作用于具体的人，如自然环境等；④次要的非社会利益相关者，它们不与企业有直接的联系，也不作用于具体的人，如环境压力集团、动物利益集团等。

（2）利益相关者理论的米切尔评分法。

米切尔评分法将利益相关者的界定与分类结合起来。米切尔评分法认为，企业所有的利益相关者至少具备三个属性中的一种：合法性、权力性以及紧迫性。从这三个方面对利益相关者进行评分，根据分值来将企业的利益相关者分为三种类型：①确定型利益相关者，同时拥有合法性、权力性和紧迫性。他是企业首要关注和密切联系的对象，包括股东、雇员和顾客。②预期型利益相关者，具备三种属性中任意两种。同时拥有合法性和权力性的，如投资者、雇员和政府部门等；有合法性和紧急性的群体，如媒体、社会组织等；同时拥有紧急性和权力性的，却没有合法性的群体，他们往往会通过一些比较不文明的手段来达到目的。③潜在型利益相关者，他们只具备三种属性的任意一种。米切尔评分法，能够用于判断和界定企业的利益相关者，操作起来比较简单，是利益相关者理论的一大进步。

2. 利益相关者理论对校企合作的启示

利益相关者理论为职业教育校企合作提供了良好的理论基础。职业教育校企合作的办学模式改革是一个极复杂的系统工程，涉及诸如企业、学生等各个利益主体。职业教育作为一种"准公共产品"存在，决定了作为其办学实体的应用型高校成为一个典型的利益相关学者组织。充分认识利益相关者视角下职业教育办学模式改革的境域，充分认识到职业教育办学的特征，才能把职业教育的办学模式改革引入正确的方向。

校企合作利益相关者的识别主要有四项依据：①合法依据。利益相关者与校企合作之间的利益关系有着合法来源，即利益相关者被赋予法律上的、道义上的或特定的对于校企合作过程和结果的利益索取权，合法性通过各种显性和隐性契约来规范和体现。②权力依据。利益相关者对于校企合作过程和结果拥有一定的影响力。③利益依据。利益相关者在校企合作中有合法权益，有着独立而平等的利益诉求，利益相关者之间形成一种基于共同利益的相互尊重、相互信任、相互支持的合作伙伴关系，最终达到共赢互利的目的。④责任依据。利益相关者参与校企合作的推进过程，归属其应尽的社会责任范畴。

基于利益相关者的职业教育办学模式就是要求建立一种由政府部门，应用型高校的教学人员、研究人员、行政人员和学生、企业、行业和社会团体等利益相关者共同参与的、基于合作伙伴关系的、多元化的中职教育办学模式，它的最终目标是建立一种不是控制监督而是自主合作、不是中央集权而是权力分散、不是由政府统治而是利益相关者合作、不追求一致性和普遍性而追求多元化和多样化的符合共同利益的教育治理机制。

（五）多元智能理论

多元智能理论由美国哈佛大学教授、著名认知心理学家霍华德·加德纳于1983年在《心智的结构》中首次提出，这一理论对传统教育和标准化测试评价产生了深刻的影响，受到教育界广泛关注，并成为20世纪90年代以来许多西方国家教育改革的指导思想之一。加德纳的多元智能理论认为，智力是一个基本单位，智能本质上是一个复数的、多元的概念，是在某种社会或文化环境的价值标准下，个体用以解决自身遇到的真正难题或生产及创造出有效产品所需要的能力。每个人都普遍具有八种智能：一是语言智能，主要是指个体对文字意义、顺序、语音、语言节奏等的敏感性和感知力；二是数学逻辑智能，指个体在行为活动之间和符号之间建立逻辑关系的能力；三是视觉空间智能，指个体进行空间排列的思维能力；四是身体动觉智能，指人运用整个或部分肢体解决问题的能力；五是音乐智能，指人对音乐的节奏、音高、音调、曲调等的感知能力，也包括唱歌、演奏乐器和作曲的能力；六是人际智能，指有效与人交往相处的能力以及对他人情绪、感情、性情等的敏锐感知力；七是自省智能，指认识、洞察和反省自身情绪、目标的感知力及根据自身特点采取行动的能力；八是自然智能，指个体对自然环境的特征进行分类和区别的能力。

不同的人为了达到某个目标，可以采取相应的智能来作用。但是不同的智能之间并不是相互割裂的，它们之间存在着相互影响和相互联系的关系，并不是孤立拼接的条形图，它们的发展需要一定的连接方式，包括瓶颈效应、补偿效应、催化效应。瓶颈效应即两个智能中存在一个智能被另一个智能牵制的现象，如一名学生的数学成绩很好，但是语文成绩却不尽如人意。补偿效应即弱项智能有时会带来负面影响，这种影响有可能被强项智能遮盖，如一个戏剧表演的学生身体动觉智能较差，但是他的语言智能更胜一筹。催化效应即在两种智能之间，可能会发生一个智能推动其他智能的情况，如当一个文学学习者在创作诗歌时，视觉空间智能和音乐智能可以激发他的画面和韵律的灵感。

另外，跨学科教育可以对不同的智能产生催化效应，深挖学生在不同方面的潜力，将它们表现为日常生活的行为反应，从而达到教育的最终目的。若想使催化效应发生反应，可以开设综合性课程、举办整合性活动，把拥有不同智能的人聚集在一起，使每个人的不同智能相互影响，合理运用团队的力量达到事半功倍的效果，在这个过程中不同伙伴的智能会得到不同的发展，可以开发新智能或加强旧智能，达到合作共赢的优良效果。

对于高校而言，在高校人才培养中，多元智能理论对教育教学起到了重要的指导作用。首先，它促使教育者更加关注学生的个体差异，意识到每个学生都有其独特的智力特点和潜能。因此，教育者在教学设计中应该采取多样化的教学方法和评价方式，以满足不同学生的学习需求，激发他们在各个智力领域的潜能。其次，多元智能理论强调了综合发展，鼓励学校在课程设置和教育实践中注重培养学生的多种智力。除了传统的语言、数学等学科知识外，高校应该开设更多元化的课程，如音乐、美术、体育等，以及跨学科的课程，促进学生在各个智力领域的全面发展。

（六）通识教育理论

通识教育作为一种教育理念和人才培养模式，有着丰富的内涵，通识教育的"通"即通晓、明白；"识"即智慧、见识。"通"是手段，"识"是目的，"识"字不能仅理解为"知识"，而是一个人知识和见识整合的认知。通过博览精通人文、社会、自然科学三大领域的知识形成完整独立的思维见解，使受教育者拓宽视野。因此，通识教育是高等教育阶段的一种素质教育，旨在对学生进行基础的语言、历史、文化、科学知识的传授，使学生的知识结构更加合理，文化底蕴更加深厚，个性品质得到训练，公民意识受到陶冶，人文素质全面提升，社会责任感和历史使命感不断增强，生活的意义和价值变得丰富，适应社会的能力显著增强。换言之，通识教育的目标是培养学生成为全面发展的高素质公民，以及适应现代社会经济发展需要的拔尖创新人才。通识教育理念的核心在于将素质教育作为本科教育的中心，培养适应社会经济发展需要的全面发展的高素质人才。

第一，通识教育是一种办学理念。"通识教育是高等教育的重要组成部分，是高校人才培养的核心内容，是培养拔尖创新人才的重要途径，是所有大学生都应该接受的非专业性教育，是大学的办学理念。"[1] 通识教育强调知识的广博与整合，是一种广泛、非专业性和非功利性的基本知识、技能、态度与价值的教育。

第二，通识教育是一种人才培养模式。通识教育不仅是一种办学理念，而且是一种人才培养模式。通识教育超越功利性与实用性，是一种潜移默化、润物细无声、重在育人的教育。通识教育打破传统教学模式，将科学、人文、艺术等知识融会贯通，引导学生求真求善求美，有利于学生提升文化素质，开阔视野，陶冶情操；有利于培养学生的独立思考能力、判断能力、思维能力，挖掘学生的创新潜能和激发学生的探索精神；有利于培养学生的社会责任感和历史使命感，从而养成健全的人格，使学生成为和谐发展的"全人"。这种通识思维模式培养出来的人才具有远大眼光和博雅精神，具有较强的自主学习能力，具备人文社会科学及自然科学的复合型知识和能力结构，能够主动、有效参与社会公共服务，具有较强的社会责任感和历史使命感，从而推动社会进步。加强大学通识教育已成为提升高校办学水平，培养高素质人才的重要环节。

第三，通识教育是一种人文素质教育。通识教育实际上是素质教育最有效的实现方式，加强素质教育则是实现通识教育理念的核心。通识教育传递科学与人文的精神，重视人文关怀和提高学生的人文素养，以"全人教育"为目标，以尊重和满足人的本质需要、促进人的长远发展为出发点，与人文素质教育的精神一脉相承。人文素质教育[2]着眼于以人为本，突出科学教育与人文教育的融合，科学教育旨在培养学生求实创新、追求真理的科学精神，人文教育旨在培养学生人文关怀与尊重、实现人生理想与价值的人文精神。通识教育倡导人文精神与科学精神的统一，倡导道德人格与知识文化教育的统一，强调人格养成和人的自身完善。通识教育突破学科之间的壁垒，实行多学科渗透，将互相独立的知识融合在

---

① 李本义. 通识教育导论 [M]. 武汉：长江出版社，2017：20.

② "人文素质教育"就是将人类优秀的文化成果通过知识传授、环境熏陶以及自身实践等教育活动使其内化为人格、气质、修养，成为人的相对稳定的内在品质。人文素质教育的目的，主要是引导学生如何做人，包括如何处理人与自然、人与社会、人与人的关系以及自身的理性、情感、意志等方面的问题。

一起，形成完整的、相互联系的知识结构体系，培养具有高尚道德情操和合理知识结构的人才是现代教育的理想目标。通识教育注重教育的内在价值，关心人的解放和完善，目的在于促进人文、社会和科技文化之间的沟通，发展全方位人格，体现出明显的人文性特征。

第四，通识教育是一种培养高素质公民的全人教育。通识教育重视人格塑造，是人格的教育。通识教育关心学生的发展，坚持以人为本和培养学生健全的人格。因此，高校不仅要教学生学会做事，更要教学生学会做人，它强调"做事先做人""做人为先"，即要让学生明白先做人再做事的道理。做人是做事的基础，做事是做人的体现。如何做人，不仅体现了一个人的智慧，而且体现了一个人的修养。因此，加强通识教育，就是要把学生培养成积极参与社会活动、有社会责任感、全面发展的社会的人和国家公民。因此，在大学教育中应首先对学生进行作为一个负责任的人和公民的教育，让他们承担起一位国家公民的责任和义务。当然，公民教育并不应该作为学生进入大学后的特殊的社会教育，而应该贯穿于受教育者一生的发展历程。加强通识教育，注重培养高素质国家公民是大学的重要职责之一，但其最终目标是培养更多优秀的高级人才。通过注重人文精神熏陶，深化学生对生命价值的认识，促进辩证的、理性的、全面的思维和人格发展，学生具有科学的世界观和方法论，因此通识教育具有综合性和全面性。

第五，通识教育是一种进入专业教育前的养成教育。通识教育与专业教育相辅相成。现代大学教育不仅应当进行以培养科学知识、技能、能力为目的的专业教育，而且应当进行以提高人的基础综合素质为目的的通识教育，即现代高等教育要坚持通识与专识的有机结合和统一。通识教育与专业教育彼此紧密联系，不可分割，二者有机整合共同完成"全人"的培养；通识教育中包含专业教育的思维方法与能力，专业教育中亦有通识教育的基因和科学精神，但通识教育是专业教育的前提和基础。

此外，通识教育还是一种终身学习的教育，旨在培养学生终身学习的理念。终身教育是学生离开校园后的继续教育，它建立在学生终身学习和自主成长的基础上，使学生最终养成终身学习和成长进步的良好习惯。

三、研究方法

本研究旨在深入探讨应用型高校电子商务专业校企合作人才培养模式的各个

方面，因此将综合运用多种研究方法，以期达到研究的全面性、深入性和有效性。

第一，文献研究法。通过对国内外相关文献的广泛收集、整理和分析，系统梳理校企合作和电子商务专业人才培养的理论基础、发展历程、现状以及存在的问题。这不仅能够为本研究提供坚实的理论支撑，还能够为后续的实证研究提供有力的参考依据。

第二，案例分析法。我们将选择若干具有代表性的应用型高校电子商务专业校企合作案例进行深入剖析，通过对其组织运行、合作模式、人才培养效果等方面的详细分析，总结其成功经验和存在的问题，从而为本研究提供实证支持。

第三，问卷调查法和访谈法。通过设计科学合理的问卷，向应用型高校、企业和学生等各方发放，收集他们对电子商务专业校企合作人才培养模式的看法和建议，以及市场需求和人才培养现状等方面的信息。同时，通过访谈法，与高校教师、企业管理人员和学生进行面对面的交流，深入了解他们的真实想法和感受，为研究的深入展开提供更为丰富的资料。

在具体实施过程中，我们注重各种研究方法的相互补充和相互验证，以确保研究结果的准确性和可靠性。同时，我们还充分利用现代信息技术手段，如数据分析软件、在线调查平台等，提高研究的效率和质量。

四、研究框架

本研究将按照以下框架展开：首先，对校企合作和电子商务专业人才培养的相关理论进行梳理和分析；其次，对应用型高校电子商务专业校企合作人才培养的现状进行调研和分析；再次，结合案例分析和实证调查的结果，探讨应用型高校电子商务专业校企合作人才培养模式的创新与发展；最后，提出相应的对策建议和实施路径。

在具体章节安排上，第一章将重点探讨校企合作的形式及模式创新；第二章将分析电子商务与电子商务专业的内涵、发展及专业背景；第三章将深入研究电子商务专业校企合作人才培养的要求和目标定位；第四章将结合实践案例，探讨应用型高校电子商务专业人才培养模式的实践研究；第五章将提出应用型高校电子商务专业校企合作人才培养的路径选择和具体实施策略。

　　通过对这些内容的深入研究和分析，本研究旨在揭示应用型高校电子商务专业校企合作人才培养模式的内在规律和运行机制，为高校和企业提供有益的参考和借鉴，推动电子商务人才培养质量的提升和电子商务产业的持续发展。

第一章 校企合作的形式及模式创新

第一节 相关概念辨析

一、应用型高校

中国大学的分类名目繁多，是一个需要花时间、花精力来研究的课题。应用型高校是目前以至今后我国高等教育结构布局、分类发展的趋势，应充分认识其基本内涵、特征等。

（一）应用型高校的内涵

根据当今中国大学分类体系标准，可以将中国高校划分为研究型大学（研究型和特色研究型）、应用研究型大学（区域研究型和区域特色研究型）、应用型大学等类型。

研究型大学是指把研究放在第一位的，主要集中于高层次的人才培养与科技研发，提供全面的学士学位计划，即在校研究生数量与本科生数量相当的大学，或研究生数量占有较大比重。研究型大学拥有较多高质量生源，在中国知识创新体系中位于关键性的位置，以教书育人和科技研发为根本。科研领先、校友杰出是判定研究型大学的两个核心标准，要想成为研究型大学必须满足两个条件：一是培养和造就出高层次的研究型人才，二是产生出高水平的学术研究成果并拥有卓越的师资队伍，二者缺一不可。

应用型高校亦称应用型大学，与研究型大学概念相对，指以应用型为办学定位，是不以科研为办学定位而着重于"应用"二字，培养具有较强社会适应能力和竞争能力的高素质应用型创新型人才，各专业紧密结合地方特色，注重学生实践能力培养的地方本科院校、高职高专院校。目前国家重点建设应用型本科高校，"十四五"期间可能将逐步推行高职高专院校的应用型发展。国家鼓励和支持国家级示范性高校单独或联合普通本科院校、国家大型骨干企业联合试点培养适应社会经济发展需求的应用技术型本科专业人才。

(二) 应用型高校的特点

1. 地方性

应用型高校的定位特色是需求导向、服务地方。

早在1998年2月16日国家教育委员会发布的《关于印发〈面向二十一世纪深化职业教育教学改革的原则意见〉的通知》中即提出了"职业教育要培养同二十一世纪我国社会主义现代化建设要求相适应的，具备综合职业能力和全面素质的，直接在生产、服务、技术和管理第一线工作的应用型人才。教学内容上应着重打好扎实的专业知识基础，要十分重视过硬的职业技能训练。同时，要学好必要的基础文化知识，及时更新教学内容，学习相应的生产、服务、技术和管理领域的先进知识和技术。加强综合职业能力和全面素质的培养"。

应用型本科教育的办学思想要体现：一是服务地方经济社会发展，二是要产教融合、校企合作，三是要培养应用型技术技能型人才，四是要增强学生就业创业能力。要增强地方高校为区域经济社会发展服务的能力，为行业企业技术进步服务的能力以及为学习者创造价值的能力。

中央和地方出台的文件都构建了高校分类发展体系，先是按照对接产业类别的不同将高校分为农林医药类、工业类、现代服务业类、社会事业类，以明确高校服务方向。在此框架下，按照人才培养主体功能和办学层次水平的差异，将全省的高校分为研究型、研究应用型、应用型和技术技能型四类，以明确高校的层次、领域及使命。其中应用型高校定位以培养专业技术应用人才为目标，以提升服务能力为导向，将办学思路与服务区域经济社会发展紧密衔接，加强产教融合和校企合作，增强学生就业创业能力，加快步入面向地方主导产业和战略新兴产业的高水平应用型大学行列，突出服务地方特色。

2. 应用性

应用型高校的教学特色是应用型、复合型与创新型。

潘懋元先生在 2011 年的著作中提到应用型本科人才培养模式的特征："在培养目标上以应用为本，在学科专业上以需求为导向，在课程体系上依托学科、面向应用，在培养途径上是产学研结合，在教学方法上是行动导向，在教学评价上要以能力取向，在师资队伍上要有双师素质，等等。""应用型高校的建设要自成体系，即在人才培养、师资队伍、产教融合、建设条件等各个环节都应该区别于研究型高校和技术技能型专科院校。""应用型高校以培养下得去、留得住、用得上的高层次应用型人才为目标，在培养目标和课程体系中突出实践导向，在教学计划中强化学生实践能力培养，将人才培养与建设产业转型升级示范园、制造业职能改造等老工业基地优势产业发展深度融合。"①

3. 协同性

应用型高校的办学特色是多元主体、协同办学。

众所周知，德国的应用型教育发展排在世界前列，主要源于其高等应用技术大学即高等教育领域的"双元制"职业教育。许多高等应用技术大学与社会和工商界合作办学，开设社会和工商界急需的工业技术和管理专业课程，学生从入学起便与社会和工商界的用人单位签订"聘用合同"。我国应用型教育要想实现可持续发展，不能仅依靠学校这一单一主体，而应是学校、政府、行业、企业、产业等多方联盟相互支持，形成一个多元主体参与的良性发展大格局。应用型高校的最基本特征即以区域经济社会发展为服务面向，追求的是服务效益，协同办学是基本保障也是办学特色。要建立行业企业合作发展平台。建立学校、地方、行业、企业和社区共同参与的合作办学、合作治理机制，要抓住新产业、新业态和新技术发展机遇，瞄准当地经济社会发展新增长点，以服务新产业、新业态、新技术为突破口，形成一批服务产业转型升级和先进技术转移应用特色鲜明的应用技术大学、学院。建立行业企业深度参与的高校治理结构，形成政府宏观管理、学校依法自主办学、社会广泛参与支持的格局。应用型教育的办学特色是多元主体参与、协同办学，必须突破原有办学模式的思维壁垒，形成社会、行业、企业积极主动参与办学的高等教育新景象。

---

① 潘懋元. 应用型人才培养的理论与实践 [M]. 厦门：厦门大学出版社，2011：63-68.

4. 一贯性

应用型高校的学历特色是衔接中职、高职，发展专业学位研究生教育。

一提应用型教育，大家的直观感觉就是本科教育，对于应用型教育的学科建设存在诸多争议，甚至有的学者认为应用型教育就应该本本分分地做好本科教育，只谈专业不谈学科，这是片面的。实际上对于应用型高校而言，本科是最根本、最本质的教育层次，在具体的教学实践中，教育者必须考虑学习者前后学历的衔接。因此，应用型高校理应成为职业教育承上启下的桥梁，即其学历教育的特色应是有效地衔接中职、高职，并适度地发展专业学位研究生教育。应用型高校的本科教育最关键的是调整学科专业结构，学科专业结构既决定人才培养规格，也直接影响办学的特色与质量。重视学科建设主要是防止出现因突出应用使得专业设置缺乏学科支撑而发展后劲不足的现象。应用型教育的学科建设不同于研究型大学的重视学术性和基础性很强的学科教育，而是通过学科建设引领应用型专业，目的是发展基于学科建设的某一专业集群的建设，以更优的姿态对接产业链。

从知识体系来看，应用型教育的学科建设利于专业建设的可持续发展；从办学层次来看，符合经济社会发展对高层次应用型专门人才的需求；从高校社会影响力来看，实现了应用型人才与学术型人才并重的局面。

应用型高校的教育教学既不同于高职高专的技能传授，也不同于研究型大学的科学知识和研究能力的培养，而是有自己的鲜明特征，要动员多方力量逐步推进。首先要定调子，明确本校的类型定位和培养应用型技术技能型人才的职责使命，做好宣传动员，发扬民主，与全校师生达成共识，并在学校章程与发展规划中予以具体规范落实。其次是特色建设，探索本校应用型建设的具体内容、关键环节以及步骤，通过工作方案有计划地推进，从顶层的人才培养方案、学科建设、专业建设、课程建设到具体的教材建设、教学改革等进行系统化的综合改革完善，使人才培养体系能有效对接产业链和创新链。同时充分重视协同办学在应用型高校教育教学中的特殊地位，鉴于应用型高校及其教育活动与外部社会之间的紧密性要高于一般高校，应用型高校必须走出去，充分了解地方经济社会发展现状，广泛参与社会活动，积极建立学校与地方、行业、企业和社区等合作办学、合作治理的机制。最后，应用型高校的教育教学要科学发展、可持续发展，充分运用学科知识体系的引领作用，有效带动学科下的专业集群的发展，保证我国职业教育体系的连贯性。

二、企业

"企业是从事生产、流通、服务等经济活动，以产品或劳务满足社会需要并获取赢利，自主经营、自负盈亏、依法设立的经济实体，是社会经济的基本单位。"[①]

从企业的定义可以看出，企业是具有法人资格的经济组织。法人是具有民事权利能力和民事行为能力，依法独立享有民事权利和承担民事义务的组织。法人是由法律赋予法律人格的社会组织。民事权利是指享有全部法人财产权，具有占有、使用、处理权，可与其他单位签订合同，遇到经济纠纷，有权提起诉讼。民事义务是指以全部财产承担债务的责任，对法定代表人和代理人的经营活动承担民事责任。

（一）企业的起源与发展

从企业产生的历史渊源来看，企业是一个历史概念，它是生产力发展到一定水平的产物。企业是作为取代家庭经济单位和手工作坊而出现的一种生产效率更高的经济单位。

企业的发展分为四个阶段：

第一阶段：个体手工业——企业产生之前的生产组织形式。这一阶段的特点是没有分工协作，其劳动成果也是为了自用或用于交换自己所需要的生产资料，而不是为了赢利。

第二阶段：企业的萌芽——手工作坊。这一阶段的特点是有初步的分工协作；生产的目的是把产品拿到市场卖，而非用于自己消费。

第三阶段：商人雇主制——一种短暂的过渡形态，这一阶段的特点是以商业资本为中心的组织形式，最初由商人为手工作坊提供原料，让其加工成产品，商人再收购销售，这样就形成了以商号为中心的与许多小手工业作坊结合形成一种

---

① 朱春红. 企业管理 [M]. 沈阳：东北大学出版社，2013：5.

松散的生产联合体。

第四阶段：手工业工场——真正的业主企业的出现。这一阶段的特点是资本所有者雇佣许多工人，使用一定的生产手段，共同分工协作，从事生产劳动，从而极大地提高了劳动生产率。手工业工场的出现，标志着现代意义上的企业的产生。

从社会资源配置的方式来看，企业是商品经济发展到一定阶段的产物。企业是替代市场机制的一种交易费用更低的资源配置方式。从交易费用的角度来看，市场和企业是两种不同的组织生产的方式，一种是协议买卖方式，另一种是内部管理方式。两种方式都存在一定的费用，即前者是交易费用，后者是组织费用。企业之所以出现，是因为企业的组织费用低于市场的交易费用。因此，交易费用的降低是企业出现的重要原因之一。

（二）企业的主要特征

企业特征是企业的本质，是企业与非企业的区别所在。现代企业作为商品生产者和经营者，在不同的社会制度下，虽然具有不同的社会性质，但是作为商品经济条件下的劳动组织形式，一般都具有以下五个共同特征。

1. 组织性

企业不同于个人、家庭，它是一种有名称、组织机构、规章制度的正式组织。而且，它不同于靠血缘、亲缘、地缘或神缘组成的家族宗法组织、同乡组织或宗教组织，而是由企业所有者和员工主要通过契约关系，自由地（至少在形式上）组合而成的一种开放的社会组织。

2. 经济性

企业作为一种社会组织，不同于行政、军事、政党、社团组织和教育、科研、文艺、体育、医卫、慈善等组织，它本质上是经济组织，以经济活动为中心，实行全面的经济核算，追求并致力于不断提高经济效益；而且它也不同于政府和国际组织对宏观经济活动进行调控监管的机构，它是直接从事经济活动的实体，和消费者同属于微观经济单位。

3. 商品性

企业作为经济组织，不同于自给自足的自然经济组织，而是商品经济组织、商品生产者或经营者、市场主体，其经济活动是面向、围绕市场进行的。不仅企业的产出（产品、服务）和投入（资源、要素）是商品——企业是"以商品生产商品"，而且企业自身（企业的有形资产、无形资产）也是商品，企业产权可以有偿转让——企业是"生产商品的商品"。

4. 营利性

企业作为商品经济组织，不同于以城乡个体户为典型的小商品经济组织，它是发达商品经济即市场经济的基本单位、"细胞"，是单个的职能资本的运作实体，以赢取利润为直接、基本目的，利用生产、经营某种商品的手段，通过资本经营，追求资本增值和利润最大化。

5. 独立性

企业还是一种在法律和经济上都具有独立性的组织，它（作为一个整体）对外、在社会上完全独立，依法独立享有民事权利，独立承担民事义务、民事责任。它与其他自然人、法人在法律地位上完全平等，没有行政级别、行政隶属关系。它既不同于民事法律上不独立的非法人单位，又不同于经济（财产、财务）上不能完全独立的其他社会组织，它拥有独立的、边界清晰的产权，具有完全的经济行为能力和独立的经济利益，实行独立的经济核算，能够自治、自律、自立，实行自我约束、自我激励、自我改造、自我积累和自我发展。

三、职业教育

职业教育的发展历史表明，政府、社会资本及行业企业都可以成为应用型高校的办学主体，而充分发挥企业的主体作用，让企业成为举办职业教育的主体是发展高质量职业教育必然的选择。

（一）职业的内涵及特性

职业是人们在社会中所从事的作为主要生活来源的工作，又称工作岗位。职业不仅是人们谋生的手段，而且是为社会做贡献的岗位，是实现人生价值、人生理想的舞台。职业对于每一个人来讲并不陌生，父母用辛勤的工作获得的收入养育了我们，他们可能是工人、农民、医生、教师、司机、警察、营业员等。在工作岗位上，只有不断地耕耘，挥洒汗水，不断地播下劳动的种子，才能不断地收获成功的希望和果实。付出的劳动和汗水越多，科技含量越高，获得的收入就越丰厚，这就是所谓"多劳多得、优劳优酬"原则。

职业具有以下四个特性。

第一，专业性。职业是人们所从事的专门业务。一个人要从事某种职业，首先必须掌握该职业所必须具备的专业知识、专业技能和从事该职业所特有的职业道德品质。例如，一个汽车维修工不仅要有汽车构造等方面的专业知识，还要具备汽车故障诊断与维修的专业技能和精益求精的工作态度。

第二，多样性。随着社会的发展、科技的进步，社会分工也越来越细，职业种类也越来越多，职业差别也越来越大。随着我国改革开放的不断深入和各地招商引资力度的不断加强，就业机会将越来越多。这将预示着作为初、中级和高级专业人才的应用型高校学生在将来的择业、就业和创业中将有更多的机会和发展空间。

第三，技术性。每一种职业都有一定的技术含量或技术规范要求，特别是在一些高新技术企业，技术含量越来越高，以至于在从事某职业前还必须经过一定时间、针对某一特定职业进行专业知识教育，并进行专门的技术技能或操作规程的训练。这也正是职业教育兴起并得到大力发展的重要原因。

第四，时代性。职业随着时代的发展而变化，新的职业不断产生，原有的职业也不断赋予新的内容，某些职业将会消失或趋于消失。计算机行业每隔 4 年就会发生巨大的变化。职业的时代性要求学生们即使工作了、就业了也不能高枕无忧，要不断地学习新知识、新技术，跟上时代的步伐，要努力做到"一专多能"以适应职业的变化要求。一个人不可能一生只从事一种职业，随着时代的发展、科技的进步和自身条件的变化，一个人平均一生要发生 3~4 次的职业转换。

(二) 职业教育的功能作用

职业教育的功能主要包括以下方面：

1. 生存功能

教育是人类的生存方式之一，职业教育是人类社会生存与繁衍的必要条件。劳动力的再生产是社会再生产的必要条件，与生产劳动直接相关的职业教育和训练又是劳动力再生产的必要条件。另外，人类的社会性生产导致社会分工，社会分工产生了职业。复杂的社会分工构成了现代人类文明社会的复杂结构，职业成为现代社会组织的基本构架。随着生产力的发展，社会的分工越来越细，越来越复杂。所以，职业教育是保障社会生存、保持现代文明的复杂结构及经济和社会发展的先决条件。

2. 开发与发展功能

职业教育是人力资本开发的重要途径，是培养应用型人才的重要途径。一个社会的人才结构，需要通过职业教育体系所划分的层次、专业的设置、课程的开发，使千差万别的职业，形成一个合理的人才结构层次和培养人才的科学系统，形成可以通过教育与培训达到的职业资格标准，为人力资源的开发提供准绳，为企事业单位提供用人的依据，使人力资本开发做到系统化和规范化，使国家研究型、工程型、技术型人才和高级专业人才、中级专业人才、初级专业人才保持一个合理的比例，使国家的人力资源能够构成一个知识技术结构合理、高效率的智力群体。

职业教育是人的全面发展教育的一个组成部分。由于各种职业之间的差异和人的个性差异是客观存在的，并不是每个人都同样地适应某种职业。因此，在个人与职业之间存在着某种匹配关系。职业教育是专业的定向教育，不同的个性对于不同的职业有着不同的意义。职业教育可以通过定向教育与培训，开发个人潜能，发展学生的特殊兴趣与才能，充分发挥人的个性特长，并弥补人在某种职业上才能的不足，使之顺势成才。而且，通过职业教育（职业指导）所提供的服务，人们可以选择自己的职业，发挥自己的特长，发展自己的兴趣，实现自己的理想，满足展示个性的需要。

3. 促进作用

第一，职业教育为社会发展提供各类人才。首先，经济人才。职业教育是国民经济发展的重要基础，经济人才可以将科学研究成果或工程方案，转化为现实的生产力。其次，精神文明建设人才。职业教育通过所设置的专业，培养从事信息、教育、文艺、文化、新闻、出版等各行业的人才，直接为促进社会主义精神文明建设服务。

第二，职业教育促进经济的发展。首先，提高生产率。受职业教育者所获得的能力，在生产活动中具有增值效应，即提高教育水平能够提高人们在经济活动中的生产力水平。其次，有效应对知识经济和经济全球化。职业教育可以使受教育者有能力面对技术变革和全球商业融合的挑战，通过为劳动者提供技能使之有效参与劳动市场。因此，发展职业教育对一个国家或社会应对知识经济和经济全球化、实现经济结构调整至关重要。

第三，职业教育促进精神文明的建设。职业教育通过其教学活动（内容、课程、教材、教法）对人类已经创造的文化具有选择、整合、传递、积累与保存的功能；具有吸收、融合、传播本国和世界先进文化的功能；同时，通过职业学校的科研成果、教育实践也具有创新文化的功能。职业教育通过其全部教育与教学活动对学生进行政治思想教育、公民道德和职业道德教育、心理素质和心理健康教育、环境和生态教育等，培养学生成为有理想、有道德、有文化、有纪律的人才，是社会精神文明建设的一个有机的组成部分。所以，职业与技术教育作为终身学习的组成部分，在此新时代应发挥至关重要的作用，职业与技术教育是实现和平文化、有益于环境的可持续发展、实现社会和谐和国际公民意识的有效手段。

4. 调节功能

职业教育的生命力就在于主动适应劳动力市场的需求，职业教育不仅要使受教育者获得从事某种职业的能力和资格，同时还要通过"核心能力"（关键能力）的培养，获得开发寻求就业、保持就业和变更就业的能力。职业教育可以通过对失业人员的转业、转岗培训，帮助他们重新就业。通过专业设置与各种培训，调节与解决社会结构性失业问题，促进就业。培养创业能力是职业教育（职业指导）的一个重要功能。自主创业、自主经营不仅是社会大规模就业的一种主要形式，而且在调节社会劳动力的供求关系、缓解失业方面有着重要的作用。

5. 完善功能

随着社会与经济的发展，职业教育逐渐改变了其在教育体系中的地位。现在职业教育已经转向宽基础的、使学生具有继续学习和发展能力的教育。职业教育具有两种主要形式——学校式、学历式的职业教育和非学校式、非学历式的职业教育，具有两种证书——学历证书和职业资格证书。所以，职业教育是一种极为灵活开放的教育类型，它可以做到使任何人在任何地点、任何时候，通过不同方式学习其所需要的任何内容。随着职业教育的发展，将会逐渐形成一个可以使受教育者实现多种选择的教育制度，一个可以通过各种不同教育途径得到不断发展的教育制度。

职业教育本质上是一种终身性的教育，在现代一个人一生可能接受多次职业的培训和再培训，这种教育也可能是延续终身的。所以，继续教育的主体是职业教育。由于知识经济的到来，实践经验成为知识的重要组成部分，职业证书必然要与学历证书并重甚至胜于学历证书。教育将从初中高直线上升，最终变得"扁平化"。人们将寻求掌握多种不同层次的职业能力，为提高就业能力而终身学习，到那时我国也就步入了学习化社会。所以，职业教育是构建学习化社会不可或缺的推动力。

（三）职业教育与企业的关系

职业教育的基本人才培养模式是校企合作，职业教育与企业的关系主要体现在以下四方面。

第一，职业教育在本质上与企业密切相关。职业教育具有社会性、职业性和实践性的基本属性。职业教育与整个社会的联系紧密而具体，对社会环境具有高度依存性，与民生就业直接联系，而就业又是高度综合性的社会工程，涉及政治、经济、人口、资源、文化、习俗等各方面，这就要求职业教育只有吸纳全社会的力量才能办好。职业教育也只有与生产实践、工作过程相结合，学生才能学到未来职业中应具备的知识和技能。

第二，职业教育的基本人才培养模式是校企合作、产教融合、工学结合、顶岗实习。应用型高校的专业建设、课程改革、教材编写、教学实践等教学全过程，都应在企业的参与和支持下完成的，职业教育教学过程本身就是一个校企合作的过程。

第三，职业教育的培养目标和办学指导思想。职业教育的培养目标是培养技术技能型人；职业教育的办学指导思想是以服务为宗旨，以促进就业为导向。

第四，职业教育的基本模式。校企合作及校企合作教育，它是将教育与生产劳动紧密结合的教育形式，是职业教育的基本模式。从目前开展现代学徒制效果来看，通过双主体（学校、企业）、双身份（学生、学徒）、双导师（老师和工程师）、双基地（校内实训基地、企业实训基地）提高了校企合作的内涵与质量，增强了学生现场工作经验与技能，培养出来的学生更能满足企业个性化需求。

四、校企合作

（一）校企合作的内涵

校企合作是指院校与社会上相关企业、事业单位及其他各种工作部门之间的合作关系。校企合作的内容包括合作办学、合作育人、合作就业、合作发展和合作研发等。它是一种以市场和社会需求为导向的运行机制，利用院校和企业两种不同的教育环境和教学资源，以培养适合行业、企业需要的技能型人才为主要目的，通过院校学习和参加企业岗位实践有机结合，实现优势互补、利益共享、合作共赢的教育模式。院校与企业在人才培养、科学研究、技术研发、生产经营以及人员交流、资源共享、信息互通等方面开展合作，实现双主体育人。

校企合作是企业与院校双方主动参入的合作。校企合作是建立在二者内在需要基础之上相互依存、相互促进、密不可分的有机结合，是教育与产业之间相对独立的有机结合。这种结合既遵循教育发展规律，又遵循生产活动的经济发展规律。校企合作是现代的一种教育模式，是职业教育的特色与优势；是实现应用型高校教学培养目标的重要保证；是应用型高校深化教学改革，使职业教育贴近社会和企业、适应经济发展的需要；是培养高素质技术、技能型人才的一条重要途径。校企合作可以利用院校和企业不同的教育资源和教育环境，发挥院校和企业在人才培养方面各自的优势，将以理论知识讲授为主的职业教育与直接获取实际经验和技能为主的生产现场教育有机结合，满足企业需要，基本实现学生职业能力与企业岗位要求之间"无缝"对接的应用型人才培养模式。

（二）校企合作的办学理念

校企合作体现了以人为本的育人理念，突出学生职业能力发展和就业创业能力，它在办学过程中必须做到"五个融入""四个坚持"。

1. 校企合作的"五个融入"

所谓"五个融入"是指校企合作要融入产业、行业、企业、职业和实践要素。

（1）融入产业要素，是指办学上要强调地方产业特点，超越现行行业的局限性，为先导产业发展服务。

（2）融入行业要素，是指在运行机制上加大行业参与力度，教学过程中注重行业对产品设计、生产和交换活动的相关标准。

（3）融入企业要素，是指要强化校企合作，吸引企业参与，将企业要求反映在教学过程中，即实行"订单培养"，合作建立实训基地，选聘企业兼职教师，企业为院校提供实训岗位，院校为企业研发和培训服务。

（4）融入职业要素。一个职业与一个职业不同，是因为工作过程的不同。所以不同的职业其工作的对象、方式、内容、方法、组织以及工具不同，它具有动态的特点，是综合的、时刻处于运动状态之中的、结构相对固定的一个完整的工作程序。

（5）融入实践要素，是指强调实践性，在生产或服务实践中提高能力，强化实训实践环节，加强与工作体系工作过程的关联度。

2. 校企合作的"四个坚持"

（1）坚持院校与行业、企业密切结合。建立行业、企业、院校共同参与的机制，突出职业特征，院校与行业之间应建立"互动机制"。行业协会在制定指导实施行业标准规范规程等时应强调学校的参入。行业职业教育教学指导委员会是受教育部委托，由行业主管部门或行业组织牵头组建和管理，对相关行业（专业）职业教育教学工作进行研究、咨询、指导和服务的专家组织，同时也是指导本行业职业教育与培训工作的专家组织。

（2）坚持理论实践技能密切结合。以"职业技能"为本位，突出实践技能的培养与训练，每一个"学习模块"课程内容所规定的学习任务，要通过岗位工作实际过程导向和项目导向的学习来完成，最终形成学生的综合职业能力和就业创业能力。

对于综合职业能力来讲，是指从事某种职业必须具备的，并在该职业活动中表现出来的多种能力的综合，是个体将所学的知识、技能和态度在特定的职业活动或情境中进行类化迁移与整合所形成的能完成一定职业任务的能力。内容包括职业所需的技能，胜任、称职所需要的思想品德、职业道德、科学文化基础、人文素养、专业能力、身心健康、职业长期发展的素质和能力等。

（3）坚持教学做密切结合。以学生为主体，充分利用校内外不同的教育环境和资源突出以直接获取实际经验的工作过程为核心的课程开发和教学模式"工学结合、校企合作"，做到寓教于学，寓学于练，寓练于做，使教学做成为一件事。

（4）坚持务实的态度。目前，个别学校和教师呈现出一定"浮躁"现象，说得太多，做得却很少，有些急功近利。在专业设置、师资队伍、课程开发及教学内容、教学方法、教学结果评价等方面都要与行业、企业密切合作，实实在在开展工作。

（三）校企合作的基本要求

第一，构建校企"双元"育人体系。首先，要把企业管理、企业文化融入院校日常教育教学管理工作，修订、完善适应校企合作、工学结合的教学管理制度，实现校企文化的有机结合，塑造良好的职业教育氛围，培养学生的职业道德和职业价值观。其次，在校企合作中院校应按照岗位标准的要求，做到职业岗位需要什么、院校就教什么、学生就学什么的原则，打破原有课程体系，校企共同构建由职业岗位基础课程、职业岗位技能课程、职业拓展和顶岗实习课程等组成的教学体系。再次，要创新一体化合作办学的评价机制，制定以育人为目标的考核评价标准，建立学生自我评价、教师评价、企业评价和社会评价相结合的考核评价机制。

第二，坚持知行合一、工学结合。通过总结前期学校校企合作的经验，加强教学资源建设，校企共同开展精品课程和教材建设，倡导新型活页式、工作手册式教材并配套信息化资源。

第三，打造一批高水平实训基地。在主管部门的大力支持下，加大财政引导力度，通过各级政府、企业和应用型高校建设一批集实践教学、社会培训、企业真实生产和社会技术服务为一体的高水平职业教育实训基地。

第四，多措并举打造"双师型"教师队伍。一方面加强职业技术师范院校和专业建设；另一方面组织选派骨干教师到企业研修，推动校企人员双向流动。

总之，通过校企合作育人，让企业看到实实在在的好处，进而实现校企资源的共享，促使职业教育改革与产业结构升级保持统一步调。应用型高校进一步明确企业各个岗位对人才的需求，适时地调整人才培养模式，让企业成为人才培养的第二基地，将学生输送到企业中进行顶岗实习，增加学生的实习次数和实习时间，校内教学则要运用多样化的教学方法，致力于将理论教学和实践教学紧密结合在一起，给予学生更加丰富的学习体验，促进学生理论和实践的融合渗透，实现创新应用型人才的培养目标。

（四）校企合作的结合点

校企合作要建立校企互利互惠的合作原则，找准结合点，使合作双方能够在相互交流、相互了解的基础上自由选择、自愿合作。这个结合点就是产品，包含两个方面：一是企业的生产产品，二是院校产品——培养的人才。

1. 企业和院校结合点

企业和院校双方在选择生产产品时，思路要宽，不要因目前企业效益不佳、任务不饱满的困境而不合作。应用型高校也有自己的优势。院校可以通过商洽对企业产品的某个零部件进行品质、性能改进，取信于企业，形成产学研结合的合作伙伴；已经和企业有产品生产关系的院校，在坚持配套生产高品质配件和零部件的同时，使院校发展成为大企业的子公司或定点配件厂；实验设备齐全的院校在抓好实践教学的同时，可以为企业产品提供项目实验、检测服务；等等。

2. 院校和企业结合点

通过校企合作，院校可以将企业的新技术、新工艺、新方法、新材料等引入教学环节；通过企业论坛将企业的产品结构、发展情况、企业文化等渗透到学生教育中，提前给学生做好职业导向；通过构建校企沟通平台，实现企业与毕业生信息互通，提高学生对企业的信任度，为学生就业提供双向选择，并将职业道德、职业意识、执业行为、职业技能等职业素养引入教学，进一步深化校企合作的内涵。

在校企合作过程中，要不断地创新，制定校企合作内部激励政策和运行管理制度，通过成立校企合作理事会、校企合作工作站、校企合作工作组、专业教学指导委员会等机构优化管理方式，加强成员合作，充分发挥行业企业在人才培养中的作用，形成校企合作长效合作的运行机制。

五、校企合作中的多元主体

（一）政府的主导地位与作用

在社会主义市场经济的条件下，尽管政府对高等教育管理正从过去的直接办学者和管理者转变为指导者和调控者，但是在推进中国特色社会主义教育事业的进程中，政府永远起着核心的主导作用。

1. 政府的主导地位

建立政府主导型校企合作联合培养人才的机制，就是充分发挥政府的统筹和引导作用，使校企合作教育成为培养人才的主要途径和普遍模式。

由于校企合作的教育模式既是准公益事业，又具有产业属性，因此校企合作教育不能呈一种自发的、浅层次的、松散型的状态。要使校企合作健康发展就必须调动企业的积极性，增强合作的稳定性。仅靠市场机制来调节是远远不够的，甚至是无法实现的，只有建立起由政府主导的校企合作教育体制、机制和制度，并按照校企合作自身的特点，在遵循市场规则的基础上，确立政府的主导地位，才能实现校企合作的可持续发展。

校企合作教育不是一个简单的市场教育，校企合作具有鲜明的职业性、社会性、人民性。由于校企合作涉及多家职能部门，尤其是有些带有实验性的校企合作教育需要在现有的高等教育制度框架内有所突破，需要人事、劳动部门与相关职能部门进行沟通协调，因此必须由政府主导。政府主导的校企合作教育对提高资源整合能力和人才培养质量也具有重要意义和作用。

2. 政府主导战略的内涵

政府主导型校企合作既是发达国家政府所采取的职业教育发展战略，也是发达国家实施产学教育、校企合作的成功经验。政府主导型战略不仅符合中国作为发展中国家的国情和我国校企合作发展的实际，而且是我国校企合作实现可持续发展的基本保障，还是在未来相当长的时间内仍将起到重要作用的必然选择。

政府通过主导校企合作，可以促进形成互动双赢的校企合作机制。

（1）推动立法保障校企合作的顺利实施。发达国家政府普遍重视推动相关的立法工作，通过制定相关法律，使校企合作教育有法律依据，使政府从制度的层面保证了校企合作的各项工作得以顺利进行。

（2）以行政法规规范校企合作的开展。政府通过制定专门的行政法规，为校企合作创造条件，促进校企合作教育顺利进行，使校企合作有章可循。

（3）以专门机构管理校企合作的具体工作。政府统筹校企合作教育政策的规划、制定、执行、监督等各项职能，设立专门机构保障校企合作各方的深度合作，实现校企合作教育与经济发展的良性互动。例如美国政府主导创办"美国高校大学—企业关系委员会"、法国政府主导成立"教育—企业工作线"和"教育一经济高级基金会"、英国专门成立"培训与企业委员会"等，其目的是促使企业积极参加校企合作教育。

3. 政府主导作用的发挥

校企合作是在学校和企业双方自愿的基础上开展的合作，政府是建立促进校企合作联合培养人才机制的关键，政府可以从以下四方面在校企合作教育中发挥主导作用。

（1）政府应成为校企合作的驱动者。一是政府通过采取各种措施，对积极参与校企合作的企业给予政策倾斜，建立合理的企业利益补偿机制，在税费减免、财政支持、政策倾斜、资金补贴、表彰奖励等方面给予明确的政策规定，推动企业积极参与校企合作；二是政府必须加强法律保障，只有在一定的法律法规体系保障下，才能实现校企双方、教育行政部门与行业组织、学生等各方面的协调与合作，形成校企合作长效机制；三是政府实施就业准入制度，有利于建立全社会统一的职业标准、鉴定规范和社会化管理体系，有利于提高我国人力资源质量评价系统的科学性和职业资格证书的权威性。

（2）政府应成为校企利益的调控者。高等学校校企合作是企业、学校在各自不同利益基础上寻求共同发展、谋求共同利益的一种组织形式。政府作为高校与企业的公共管理部门，通过建立政府主导的校企合作管理体系，统筹学校与企业两种资源，发挥政府的组织优势、资源调控优势、公共管理优势，统筹规划各地的校企合作，确保培养方向和目标，指导和协调校企合作有序开展。

（3）政府应成为校企合作过程的监督者。政府应指导高等学校与企业做好对校企合作过程的管理，规范工作流程，鼓励企业参与对校企合作的学生培养，从而建立有效的校企合作绩效评价体系。政府的监督不仅可以使合作顺利的校企双方实现合作内容，而且可以督促合作不顺利的校企双方承担合作职责，履行合作义务。

（4）政府应成为校企合作成果的评估者。政府应建立一套校企合作评估、激励体系。制定科学有效的评估标准，确定严格的评价程序，对校企合作进行全方位的评估，同时以评价体系为基础，建立激励机制，保护和激发企业参与校企合作的积极性。促进校企合作教育向更深层的良性的方向发展。

（二）行业的指导地位与作用

高等教育的性质决定了其与社会经济紧密相连。其专业设置、培养规格、毕业生就业等都与行业、企事业单位有着直接关联。校企合作教育中的许多重大问题都不是一个主管部门所能解决的，要求多个部门综合协调，共同完成。因此，建立一个具有高效协调能力的机构十分必要。

政府对企业和高等学校的管理已经从直接管理者转变为引导者和调控者。由于政府在规范的市场经济中，不再过多地依靠行政手段干预学校和企业的行为，因此仅仅由政府去规范、协调学校和企业之间的关系是不够的。在这种情况下，许多管理、服务、协调、指导的职能就必须依赖行业组织进行。因此，行业组织在校企合作办学中的指导地位和作用就显得十分突出。

1. 行业组织的指导地位

行业组织是由法人或其他组织在自愿基础上，基于共同的利益要求组成的一种民间性、非营利性的社会团体。行业组织是一种民间性组织，不属于政府的管理机构系列，是政府与企业的桥梁和纽带。行业组织是介于政府、企业之间，商品生产业与经营者之间，并为其服务、咨询、沟通、监督、公正、自律、协调的社会中介组织。行业组织是行业成员利益的代言人和维护者，即国际上统称的非政府机构，又称NGO。

行业组织是本行业职业资格标准的主要制定者，是市场信息的传播者，是学校专业培养目标制定的指导者。在政府的主导下，发挥行业组织对企业承担高等教育培训的指导作用。由于行业组织是连接政府、学校和企业的桥梁，因而行业组织既可以协助政府实施各项政策法规，又可以将学校、企业方面的有关信息反馈给政府；既可以对学校与培训机构提供指导服务，又可以对他们进行监督评估。行业可以运用自身的组织优势，发挥行业的指导作用，协助政府办好校企合作教育。

2. 行业组织的作用的发挥

行业组织在校企合作教育中可以代表学校和企业向政府提出建议，扩大学校与企业合作的空间，改善校企合作的内外部环境；可以代表企业参与学校的管理，对学校的专业设置、人才培养规格提出要求和建议，完善人才培养的资源条件。

行业组织通过以下三方面在校企合作中发挥指导作用。

(1) 行业组织可以促进企业与学校的相互合作。首先，行业组织最了解本行业的技术发展水平，了解本行业需要什么样的人才，需要多少这样的人才。行业组织可以借助劳动力市场供求信息发布平台，系统、准确、及时、权威地发布劳动力市场供求信息。其次，行业组织作为各个行业企业的指导者，能够动员所属企业参与高等学校的校企合作教育。最后，行业组织可以有针对性地指导那些没有足够能力承担人才培养任务的中小型企业，通过彼此之间的联合以及依靠大型企业的帮助，参与高等教育的校企合作，保证整个行业的良性发展。

(2) 行业组织可以规范本行业的校企合作教育。行业组织由于集中代表了本行业的共同利益，对行业内企业有一种天然的约束力，因此，行业组织可以规范本行业的相关企业按照统一的章程开展校企合作。通过发挥行业组织的规范和指导作用，可以使企业和学校摆脱不规范的校企合作管理制度，建立起理论联系实际和科学高效的校企合作教育制度。各行业组织负责指导企业内部校企合作教育的许可、咨询、考试及监督，其中包括审查及确认培训企业的资格；缩短与延长培训时间；制定结业考试条例，组织与实施期中考试、结业考试。

(3) 行业组织可以有效地推进教育教学改革。我国国家级各专业的教学指导委员会均有行业组织的参与，行业组织可以作为高等教育各专业的行业代表，在专业布局、课程体系、评价标准、教材建设、实习实训、师资队伍等人才培养的多个方面，发挥重要的指导作用。行业组织通过指导加强专业建设、规范专业设置管理、更新课程内容、调整课程结构、探索教材创新、开发教学指导方案，遵循教育规律和人才成长规律，推进高等学校的教育教学改革工作，构建适应经济发展方式转变和产业结构调整要求、体现现代教育理念、校企合作协调发展的高等教育课程体系，促进学生全面发展，培养符合社会经济发展所需的合格人才。

（三）企业的参与地位与作用

推动企业参与校企合作教育，关键在于能否让企业从校企合作中享受到实惠，给企业能否带来相应的经济利益。企业参与校企合作教育，能否获得相应的税收减免或财政补贴的优惠政策，企业能否从校企合作中获得转化的科研成果，也是企业能否为学校的实践教学活动提供平台的关键所在。

1. 企业的参与地位

企业参与校企合作教育的目的：一是履行现代企业应尽的社会责任；二是成为产教结合、校企合作的直接受益者。

在校企合作教育中企业的利益主要体现在两个方面：直接利益和补偿性利益。直接利益即企业通过参与人才培养把产业部门对人才的要求直接反映到教学计划中，反映到人才培养的过程中去，从而获得企业急需和满意的人才。人才是校企合作的动力和核心，企业参与是以获得企业满意的人才为出发点。补偿性利益是指企业参与校企合作教育的目的不仅是人才培养本身，而且希望在新产品的开发、技术改造、人员培训和科技咨询等方面得到高等学校的支持，企业参与校企合作教育更多的是要获得科技服务等补偿性利益。这也是目前很多企业积极参与校企合作的重要动力因素。

2. 企业作用的发挥

互惠互利原则是校企合作教育应遵循的基本原则，也是企业参与校企合作并发挥积极作用的动力。在校企合作中，企业通过以下三种方式发挥着其参与作用。

（1）实现资源的有效利用。高等教育的人才培养，尤其是应用型大学的人才培养，不是仅仅通过课堂教学就能完成的，也不是单单靠实验室就能造就出来的。尽管各级政府为改善学生实习、实训环境，解决大学生实习、实训困难的问题，加大了投入力度，各高等学校均建立了各类校内实习、实训基地，这些基地在人才培养中发挥了重要的作用。但是很多校内基地面临着后续设备更新与改造的困难，所需经费学校难以承担。而纯消耗性实习、实训存在的问题很多，除了经费之外，学生仍缺乏实战环境的锻炼。从实验设备而言，如果通过企业参与实现资源共享，可以大大节约各种仪器设备的费用，从而降低人才培养的成本。更重要的是企业参与会给人才培养提供完全真实的技能实践和训练的环境和场所，这一点是任何模拟实验室都难以替代的。

（2）获得相应的利益。企业参与校企合作教育的目的不仅是人才培养本身，而且希望在新产品的开发、技术改造、人员培训和科技咨询等方面得到高等学校的支持，而高等学校为实现人才培养、科学研究和社会服务三大职能，也积极开展校企合作，从而使企业在参与校企合作中获得多方利益。

（3）履行企业社会责任。企业社会责任是指企业在创造利润、对股东承担法律责任的同时，还要承担对员工、消费者、社区和环境的责任。企业的社会责任要求企业必须超越把利润作为唯一目标的传统理念，强调要在生产过程中对人的价值的关注，强调对社会的贡献。企业通过各种方式参与校企合作，是履行企业社会责任的重要表现和途径之一。

（四）学校的主体地位与作用

学校积极推动校企合作教育的目的，是培养社会需要的合格人才，促进学校的教育教学改革工作。由于校企合作的最终结果是实现"育人"的目标，因此，学校在校企合作教育中居主体地位。

1. 学校的地位

培养社会需要的合格的毕业生是高等学校服务于社会的重要职责。在校企合作教育中，高等学校居于主体地位，是产学教育、校企合作的积极倡导者和实践者。特别是对于应用型大学而言，为了适应现代社会知识经济的飞速发展，为实现应用型大学的人才培养目标，开展合作教育、校企合作是培养合格人才的必由之路。

2. 学校的作用

学校在校企合作中发挥着积极和主动的作用。但是，由于人才培养规格不同、在创新型国家战略体系中所处的位置不同、实现职能的侧重点不同，因此研究型大学、应用型高校在开展校企合作时，也有各自不同的方式。研究型大学为了将科研成果服务于社会，多开展以科研为主要目的的校企合作；应用型大学以培养应用型人才为目的，多开展以教育为主要目的的校企合作；应用型高校以深厚的职业教育基础为背景，多开展技能培训为目的的校企合作。

第二节　校企合作的组织与运行

一、校企合作的组织机构及职责

（一）校企合作的组织机构

校企合作可设置相关机构，双方人员可以根据职能情况进行任职。目前经过调查，机构设置方式有一级机构和二级机构；从层次看，有决策机构、执行机构、操作机构和监督机构。

第一，一级机构。一级机构的名称有校企合作与产学研促进办公室、产学研促进处、合作教育办公室、产学合作部、项目合作处、招生就业中心（工学结合办公室）或招生就业与校企合作中心、校企合作与对外交流处。绝大多数名称为校企合作办公室或校企合作中心。

第二，二级机构。二级机构即有的在科研处设合作科，有的在教务处设校企合作办公室，有的在发展规划处设校企合作办公室，有的在市场部设产学合作中心。

第三，决策机构。决策机构一般是由最高管理者进行优化以后的组织，在双方合作过程中起着重要的决策作用。一般有几种组织决策形式：一是董事会，由董事长、副董事长、各位董事组成；二是校务委员会，由主席、主席团和各个委员组成；三是理事会，由理事长、副理事长和各位理事组成；四是校企合作委员会，由委员会主任和各位委员组成。

第四，执行机构。执行机构是在决策机构的领导下执行决策机构通过正式会议后的各项决议的组织。一般有以下组织形式：一是成立校企合作办公室，由主任进行领导，双方各个执行人员担任一定的职务；二是成立校企合作执行委员会，也是由主任来执行各项决策层的决议；三是校企合作中心，由中心主任领导各个成员进行日常工作。

第五，操作机构。由于校企合作协议达成后，在一些项目启动以后，主要靠各自的操作机构进行操作，所以，操作机构会各自进行设置，由各自专门的人员进行组织，成立一些机构：一是专业指导委员会，由主任和委员组成；二是企业评教评学委员会，由主任和委员组成；三是专业建设委员会，由主任和委员组成；四是合作学院，由院长、副院长和名誉院长组成。

第六，监督机构。校企合作成立监督机构一般是为了更好地促进双方合作顺利开展。例如，成立校企合作监督委员会，由委员长和委员还有双方最高层领导人组成。

（二）校企合作下的岗位职责

1. 校企合作工作委员会的职责

（1）指导学院校企合作工作的组织和实施。

（2）指导并协调校企合作的相关职能处室和各院（系）开展校企合作工作。

（3）考核学院各处室及各院（系）校企合作工作的实施过程和宣传工作业绩。

（4）定期召开工作会议，研讨校企合作工作中出现的问题和解决方法。

（5）组织市场调查，为人才培养、专业设置、教学改革提供参考意见。

2. 校企合作办公室的主要职责

（1）编制学院校企合作规划及技能鉴定规划。

（2）起草和修改学院校企合作管理制度和技能鉴定管理制度。

（3）全面掌握并了解各职能处室及各院（系）在校企合作中的运行状况。

（4）组织有关部门审定校企合作协议实施方案、检查校企合作成果。

（5）督促和监控学院各职能处室及各院（系）校企合作方案的实施。

（6）对全院各职能处室及各院（系）校企合作工作进行考核，奖励校企合作中的先进集体和先进个人。

（7）统一管理学院校企合作协议书，重大校企合作协议书需要报院领导审定。

（8）管理好重要的校企合作客户，稳定并保持合作关系。

（9）定期召开工作会议，研讨、协调解决校企合作及技能鉴定中的重要问题等。

（10）做好全院技能取证工作的组织与管理；服务社会，与企业联合，开展校企培训和技能鉴定，做好国家职业技能鉴定所的日常管理工作。

（11）在校园网上进行校企合作、技能鉴定方面工作的动态报道，加强宣传工作。

（12）建立健全学院校企合作及技能鉴定工作档案。

3. 校企合作实训教务主要职责

（1）根据市场需要，在校企合作中指导学院的专业建设、课程建设，促进专业教学改革。

（2）指导各院（系）与企业共同制定并实施订单式培养、工学结合的人才培养方案。

（3）统筹安排校外实习的教学计划。

（4）校企结合，做好全院"双师"素质的教师队伍建设，完善外聘企业专家到学院讲课的管理办法及考评机制。

（5）完善本部门校企合作中的管理制度，建立校企合作运行档案。

4. 校企合作中各院（系）主要职责

（1）按照院（系）和专业教育的特点，制订切实可行的校企合作年度计划和方案，并组织实施。

（2）根据人才培养和专业需求，开展校企合作项目的调研与合作项目的洽谈。

（3）起草和拟定校企合作协议或项目合作方案，经院校企办（校企合作办公室）审查并报主管院领导审批后认真落实校企合作项目。

（4）在各职能处室的领导下，负责校企合作过程的具体组织管理工作，包括专业培养方案的制定、实习基地建设、与企业结合确定外出实习内容和学生实习任务书、实习学生的管理及科研项目的研发和技术服务等。

（5）根据专业建设和课程开发的需要，组织专业教师到企业挂职锻炼和聘请企业人员兼职教师等。

（6）根据不同的实习类型，各院（系）需在各职能处室的统一管理下，履行外出实习逐级申报手续，经主管院领导审批后报院校企办备案，方可组织学生外出实习。

（7）完善本院（系）校企合作管理制度，及时整理归档校企合作运行档案。

二、校企合作的运行机制

建立理事会资源优化机制，实现教育教学资源和企业资源的相互共享，形成理事会强有力的合作、管理和运营优势；加强政府、学校、行业和企业之间的全方位合作，建立适应市场、立足行业、依托企业的现代职业教育模式和体系，有效推进学校依托产业办专业、办好专业促产业；开展师资、职业资格等全方位培训，促进"订单式培养"，实现"零距离上岗"，形成校企之间的良性互动，推动校企的共同发展，使校企互惠共赢，提升职业教育综合实力。

（一）理事会日常工作机制

1. 定期会议制度

理事会、常务理事会建立定期会议制度，形成了定期沟通机制，有效加强交流与合作。校企合作办学理事会每年召开两次理事会大会和若干次常务理事会。理事会大会由副理事长主持，理事长做年度工作报告，并主持讨论和部署下一年工作计划，表彰校企合作先进单位和先进个人。常务理事会每季度召开一次，主要内容为审议新修订、新出台的制度文件，审议常务理事单位增补名单，等等。

定期的交流和沟通机制，有助于及时了解双方合作需求，互通政策信息，听取意见和建议，有效加强了政府、院校、行业、企业之间的沟通和联系，为校企合作办学奠定了共识和基础，也创设了更多合作机会和可能。

2. 理事会成员动态管理机制

理事会成立以来，根据人才需求、培养和社会服务的需要，实施了动态的成员管理，优化成员结构。一方面，理事会基于会员实效原则，对已经没有合作或不诚心合作的企业实施退出机制；另一方面，以长期紧密合作为标准，通过积极主动联系行业与企业事业单位，增补优质的合作对象，不断优化理事会成员单位结构。

（二）校企"双师"双向交流机制

1."双师"双向交流的制度建设

学校出台有关文件，着力构建双向交流的动力机制。进一步明确对进企业锻炼教师及来学校兼职的企业员工在政策方面的支持及相关奖励激励措施，并明确在考核评优、职称评审、绩效考核、培训进修等方面向"双师型"教师倾斜。此外，校企出台有关文件，不断完善"互利共赢、共建共管"的实践教学基地共建机制，不断完善"责任明确、管理规范、成果共享"的"双师"双向交流机制。

2."双师"双向交流的具体内容

（1）师资交流。

第一，学校教师下企业锻炼。

学校选派教师到合作企业学习锻炼，通过学习获取企业先进的新知识、新技术、新工艺和新方法，多方面、多途径培训专任教师，充实专任教师的"双师"素养。各院部根据教学任务的安排情况，每年选派一定的教师下企业锻炼学习。学校专门出台有关文件，明确相关管理要求。优先安排无实践工作经历的教师要作为驻点带队教师到企业或相关单位管理学生的实习。所有教师要优先考虑借助于带队实习的机会，加强与企业的联系，深入企业锻炼实践能力。具有企业工作经历的教师或具有高级职称的教师要同时在企业开展技术开发等项目合作。

教师进企业实践回校后，要在院部范围举行进企业实践成果汇报会，汇报自己的实践情况、收获与体会。

第二，企事业单位的专家、技术骨干、能工巧匠进学校。

学校聘请企事业单位的专家、技术骨干、能工巧匠到学校担任兼职教师，传授实践技能和知识技术的应用，承担部分专业实训课及相关课程教学任务。积极推介优秀教师为企业职工进行培训，也可推介学校高层（院、部领导）担任企业顾问，定期进行系列讲座，并创造专任教师和兼职教师交流的机会。

（2）教学交流。

共同研讨专业建设方案、专业课程建设和资源建设。各院部与相关企业根据产业人才需求情况，共同开发相关专业核心课程，建立突出职业能力培养的课程标准。相关企业提供相关职业资格标准、行业技术标准、相关岗位知识与技能要求等资料。

（3）技术交流。

双方合作进行各种类型、各个层次的科技项目研究开发，可以通过相关媒体刊登相应的科研成果。校企联合参与行业活动，双方利用各自优势资源，在符合当地区域经济特色的各种行业项目中深层次合作，发挥高校与企业双方各自优势，构建"双师"双向交流、校企双向服务的机制，借助双方的师资、技术、场地、设备的优势，以项目合作形式开展核心课程建设、新产品的研制、高技能与新技术培训、继续教育等方面的合作。同时，争取政府支持，共同研究，共同开发，共同实施，促进地方经济发展。校企双方利用各种学术会议、行业会议和有关推广资源，推荐介绍对方，以提高双方的知名度和影响力。

（4）文化交流。

学校与企业合作举办多样化的活动，包括校企合作交流会、企业文化活动、企业调研活动、创业大赛、创业成果展示等，为在校大学生推介校企合作项目。这些活动可邀请政府部门、媒体、企业家、专家教授等前来参加。

聘请企业相关专业的中高层领导为学校客座教授、专业带头人或兼职教师，参与学校内涵建设，或开展企业文化与管理实务的系列讲座。学校相关专业的教师为企业进一步凝练和提升企业文化提出好的建议。

3."双师"双向交流的组织实施

各院部校企合作办公室负责"双师"双向交流的组织实施。为实施双向交流并提高工作效率，各院部与相关企业要成立双向交流联络工作小组，工作小组由双方各委派一到两名工作人员组成。联络小组负责日常联络工作，提出阶段性合作计划，协调解决交流中的有关具体问题。

原则上每个专业，每学期与相关企业和兼职教师的交流三次以上。每次交流都要做好记录，各院部负责检查本院部"双师"双向交流情况，组织人事处负责检查各院部"双师"双向交流情况。

各院部定期走访企业人事部门负责人，了解企业发展情况、人力资源需求情况和在岗员工技术、技能提升的需求，及时为企业发展提供人才培训服务，落实双师双向交流计划，分析、交流工作的开展情况。

（三）校企实践基地共建机制

1. 校内实践教学基地

校企深度融合，共建"校中厂"。引进企业进驻学校，企业按生产要求提供建设生产车间的标准、加工产品的原材料和产品的销售，学校提供符合企业生产要求的环境、场地和设备，建立生产型实训基地、教学工厂。企业选派人员管理工厂生产经营，指导师生的生产、实践和实习实训，帮助学校建立实训课程体系；学校按照生产要求，将实训课程纳入整个教学体系中，安排学生到"校中厂"顶岗实习，派教师到"校中厂"实践。企业依据自身的生产设备和技术人员情况，提出人才需求规格要求，由校企双方共同开发实践教学课程，将企业文化、生产工艺、生产操作等引入教学课程内容。

2. "校中厂"实训基地主要任务

第一，参与所在教学单位人才培养方案制定，并提出合理化建议，根据人才培养方案和教学要求，承担实习、实训、科研等任务，不断提高教学质量。

第二，"校中厂"实训基地应积极为学生提供专业对口的实践操作岗位，满足相关专业的实践教学和科研任务，加强自身建设，增强服务社会能力。

第三，在完成教学、科研任务的前提下，为企业员工、学校教师提供培训，组织学生考证培训、职业技能鉴定，不断提高社会效益和经济效益，实现校企合作共赢。

第四，运用新技术、新材料、新工艺进行产品的研发和实验。

（四）校企双向服务机制

校企共同修订完善相关文件，利用学校的人力资源优势和先进的实验实训设备，与企业共同创立集科研、生产、应用和高级技术技能人才培养于一体的运作体系，形成校企双赢局面，建立校企双向服务机制，达到合作发展的目的。

1. 校企双向服务内容

依托校企合作办学理事会，充分发挥我校为地方经济社会发展服务的职能，依托企业行业优势，充分利用教学资源，建立紧密结合、优势互补、共同发展的双向服务机制。

(1) 专业课程建设和资源建设。校企双方根据市场人才需求情况，共同开发专业核心课程，建立突出职业能力培养的课程标准。企业提供相关职业资格标准、行业技术标准、相关岗位知识与技能要求等资料，利用自身的各种素材，不断丰富校方的教学资源库，包括重大项目可对外披露的设计文档、流程图、视频资料等。

(2) "订单"式人才培养。招生前与企业签订联合办学协议，进行"订单"式人才培养模式。校企双方共同制订人才培养方案、课程标准、学生的基础理论课，专业课由学校负责完成，学生的生产实习、顶岗实习在企业完成，毕业后即参加工作实现就业，达到企业人才需求目标。具体设有定向委培班、企业冠名班、企业订单班等。

(3) 科技开发合作。双方合作进行各种类型、各个层次的科技项目研究开发，校企联合参与行业活动，双方利用各自优势资源，在符合地方经济特色的各种行业项目中进行深层次合作，争取地方政府支持，共同研究，共同开发，共同实施，促进地方经济发展。

(4) 合作构建"双师结构"教学团队。聘请行业企业专家和专业技术人员、高技能人才担任兼职教师，承担实习实训技能等教学任务，为教师举办新技术、新设备、新工艺、新材料内容的培训班及讲座，有计划安排专业教师下企业实践锻炼。

(5) 共建实践基地。学校引进企业建设"校中厂"，借助企业生产环境和技术指导，组织专业实习，使学生提前接触生产过程，在实践中学习和掌握专业知识和技能。学校根据专业设置和实习需求，本着"优势互补，互惠互利"的原则选择适合企业建立"厂中校"，作为师生接触社会、了解企业的重要阵地，实现"走岗认识实习、贴岗专业实习、顶岗生产实习"，利用企业的条件培养学生职业素质、实践能力和创新精神，增加专业教师实践机会，提高实践教学能力。

（6）交流与培训。企业派出技术专家为校方承担部分相关课程教学任务，聘请校方优秀教师作为企业特聘专家。校企双方每学期进行 1～2 次的教学探讨。校方与企业共同组织或参加同行业教学研讨、学习观摩等活动，企业定期向校方提供专项知识讲座，服务师生。

2. 校企双向服务工作机制

学校校企合作办公室是负责学校校企合作工作的常设机构，统一组织、协调校企合作双向服务的各项工作。其主要职责如下：负责学校校企双向服务工作的统筹规划，建立健全校企双向服务的各项管理制度，完善运行与管理体系；加强学校与相关政府部门、行业组织、企事业单位的联系，拓宽校企合作的渠道与途径，推进校企双向服务项目向深度和广度发展；负责指导各二级学院校企服务合作开发项目的立项申报与建设工作；对跨专业、跨院部、跨领域的校企合作服务项目加强协调和管理；负责校企合作横向科研项目的推进，促进科技创新平台建设，校企共同开展科技研发，引导专业教师积极为企业提供技术服务，提高学校社会服务能力。

（五）校企合作就业机制

职业教育是面向人的教育，其以服务为宗旨、以就业为导向的办学方针，要求应用型高校在办学过程中必须将学生的就业工作摆在重要位置。校企间开展的合作就业既是实现校企互利双赢深度融合的重要内容和标志之一，更是实现职业教育与企业可持续发展的重要途径。

1. 就业工作机制

行业为学校提供职业岗位从业标准，参与专业建设、课程开发和人才培养方案制定，提供交流平台，开展课题立项及研发，利用行业资源，在校企之间牵线搭桥；企业提供生产标准，参与人才培养方案的制定，参与课程开发，安排学生顶岗实习，提供就业岗位，反馈毕业生信息，积极与学校开展合作育人、合作办学，提升学生就业能力和就业质量；通过工学结合和订单培养等校企合作方式，加强学生职业道德和职业素养教育，强化学生实训管理，保证顶岗实习效果，提高学生留用率和就业适应能力。

强化职业生涯规划和就业指导课的师资队伍以及学生就业服务指导中心建设，提供就业信息，开展就业咨询；加大学生就业奖励基金和创业基金额度，扩建学生创业园，搭建创业平台，开展创业教育，提升学生的创业能力；建立毕业生跟踪调查制度，及时调整培养方向，适应企业要求。

2. 就业反馈机制

学校做好就业意向及需求市场分析工作。对毕业生进行择业意向调查，对用人单位的用人取向和用人变化进行调查，并对各专业近几年的毕业生进行了部分回访，收集用人单位对录用毕业生的满意度反馈意见，有针对性地开展就业宣传和就业指导，较好地服务于学生就业。

（六）校企合作激励机制

学校秉承"厚德强技、服务地方"的办学理念，历来高度重视校企合作，出台系列政策，鼓励教师在技术应用、技术服务、员工培训等方面发挥社会服务功能。

1. 校企合作激励制度

为进一步激励校企合作双方开展校企合作工作的积极性，提高科技创新能力，促进校企合作工作快速持续发展，学校应出台激励系列制度文件。

学校应明确校企合作先进企业的基本要求。在学年内参与校企合作办学的企事业单位、行业协会中，做出较突出贡献、取得较大成绩者，可以参评校企合作先进企业文件明确了校企合作学校先进个人的基本要求。具备下列任意三条的学校教工可以参评校企合作先进个人：①积极参与产学结合、校企合作，为校企合作工作献计献策；②积极为学校产学结合、校企合作办学引进捐赠资金或设备；③根据专业和用人单位的需求，与合作单位共同开发1门以上课程并取得良好效果；④主动承担校企合作项目的开发与创新，积极为合作单位解决技术难题并取得经济效益；⑤该年度有到企事业单位挂职锻炼的经历。

2. 科研体制机制改革

鼓励专业教师从事科研与技术开发工作，出台相应的政策，允许教师根据实际情况申请"专职科研人员"，完善专职科研人员的绩效考核制度，充分调动专职科研人员的积极性。鼓励专业教师以各种方式，参加符合学校发展要求、与自身专业对应的国际、国内学术交流与合作。相关费用，通过相应程序进行申请，由专项经费列支。

编设专项经费，加大力度扶持和培育专利技术创新成果，出台相关政策，大力推广与应用专利成果。完善访问学者制度，定期派出专业骨干教师和科技人员到国外（境外）同行高校和机构取经学习。

允许在读大学生休学创业，修业年限可放宽至五年。在修业年限内，保留学籍；经过评议，与创业密切相关的专业课程，可申请免修。完善科研经费、项目经费管理机制。科研经费依据任务书、项目合同足额下拨；项目经费实施年度预结算制度，专款专用，一年一结。科研经费开支（包括横向和纵向），实施项目负责人责任制。经费使用依据项目任务书（合同）和财务管理有关规定开支或发放。

3. 人事管理与分配制度

大力推进校内人事管理与分配制度改革，坚持分配向教育教学一线的教师倾斜，保障教学一线人员人均绩效津贴标准。完善公平、竞争、高效的校企合作激励机制。从社会效益和经济效益等角度制定教师参与校企合作与技术服务的核算标准，将其作为教师应完成的标准工作量的组成部分之一，纳入薪酬体系；将教师参与校企合作情况计入教师业绩考核范围，作为职称评定和年度考核的重要指标。

（七）人才培养质量评价机制

学校始终以保证教学质量为教学工作的核心，在教学质量标准建设，教学质量管理、评价、监控等制度建设方面不断完善，贯彻落实，确保教学质量管理与监控体系有效运行。

1. 质量标准建设

各专业根据高职教育的理念和特点，在专业建设、课程建设、实践教学、毕业环节等方面制定了严格的质量标准。这些质量标准主要包括专业标准、课程标准、实习实训大纲、毕业设计（论文）指导书、考核大纲等。

2. 管理程序建设

在教学管理方面，学校针对教学工作各个环节，研究确定教学质量监控点，以过程管理的理念，制定各质量监控点的监控方法，形成了以过程管理为核心内容的教学工作管理体制。制定了职责分明、工作流程清晰、过程记录充分、操作性强的管理程序文件，做到教学工作凡事有人负责，凡事有章可循，凡事有案可查。有效地规范了教学及管理人员在教学活动中的行为，确保了各项质量标准在教学活动中得以执行和落实。

3. 教学质量监控体系建设

在办学实践中，学校根据自身条件和特点，建立校、院二级专、兼职督导队伍。按专责、专职负责对教师进行听课和导课，同时强化二级学院督导组的职能，逐步扩大了二级学院督导组教学质量管理和监控的范围。

制定相关文件，建立教学质量的学生信息反馈制度。有序开展学生信息员遴选、业务培训、信息表统计和筛选、教学问题反馈和通报等方面的工作。形成了课堂教学质量闭环管理的运行机制。

4. 课堂教学质量评价

学校重视课堂教学质量的评价工作，对教师教学质量的评价方式进行改革，侧重以学生评教结果确定教师的课堂教学质量；建立完善的全样本学生评教系统。将对教师的评价结果纳入教师绩效考核指标中，对教学质量的评价指标不断进行调整，使之更趋合理、公平和人性化。对提高教师教学水平和质量起到了很好的促进作用。

第三节　校企合作的类型及选择

校企合作办学是以市场和社会需求为导向，学校和企业共同参与人才培养过程，利用学校和企业两种不同的教育环境和教育资源，采用课堂教学与学生参加实际工作相结合的方式，来培养适合不同用人单位需要的应用性人才的教学模式。它的内涵极其丰富，包括产学合作、双向参与；实施的途径和方法是产学结合、工学交替、顶岗实践、定单培养；实现的目标是增强办学活力，提高学生的综合素质。当前，校企合作办学，共同参与人才培养，已成为一种趋势，校企结合是确保职业教育更贴近市场、贴近社会需求、满足受教育者需求、促进学校焕发生机和活力的办学捷径。

一、校企合作类型（企业方）

学校在不断完善办学模式的基础上，形成具有特色的更加灵活、更加开放的办学模式和技能人才培养模式，为技能型人才提供了更有利的成才通道。一方面，企业应该主动加大合作的力度，应用于生产实践中，产生经济效益。可充分利用学校的优势资源，进行产品研发和市场开拓；另一方面，学校应该通过引荐和宣传吸引更多的企业与学校合作，补充教学资源的短缺，达到合作多方共赢局面。

（一）企业经济类型分类

1. 国有经济型企业

国有经济，作为生产资料归国家所有的经济形式，构成了社会主义公有制经济的重要支柱。这包括由中央和地方各级国家机关、事业单位以及社会团体利用国有资产投资兴办的企业。此外，还包括那些已实行企业化运营、国家不再全额或部分核拨经费的事业单位，以及从事经营活动的社会团体等。

2. 集体经济型企业

集体经济，指的是生产资料归属于公民集体的经济类型，它也是社会主义公有制经济的一个组成部分。这涵盖了所有使用集体资金投资的城乡企业，以及一些由个人集资、自愿放弃所有权并经工商行政管理机构认证为集体所有制的企业。

3. 私营经济型企业

私营经济以生产资料私人所有和雇佣劳动为基础。这类企业包括所有依法注册的私营独资企业、私营合伙企业和私营有限责任公司。

4. 个体经济型企业

在个体经济中，生产资料归劳动者个人所有，以个体劳动为主，劳动成果也由劳动者个人占有和支配。它包括所有按国家规定注册的个体工商户和个人合伙。

5. 联营经济型企业

联营经济是由不同所有制的企业或企业与事业单位共同投资组成新的经济实体。这种类型仅限于那些具备法人资格的紧密型联营企业。

6. 股份制经济型企业

股份制经济涉及由全体股东共同出资、以股份形式投资组成的企业。这主要包括股份有限公司和有限责任公司两种形式。若其他经济组织（如全民、集体、联营、私营企业等）虽然以股份制方式运营，但未以股份有限公司或有限责任公司注册，其经济类型仍按原所有制划分。

7. 外商投资经济型企业

外商投资经济是指根据我国的涉外经济法律法规，由外国投资者以合资、合作或独资形式在大陆开设的企业。这包括中外合资经营企业、中外合作经营企业和外资企业三种主要形式。

（二）与不同类型的企业合作概要

1. 与大型国有企业合作

实施人才强国战略，而强国则必强企，其中国有企业是党执政的重要经济基础，是国家税收的重要来源。国有经济在国民经济中的控制力、影响力和带动力是其他经济成分无法替代的。强企必须注意发现人才、培养人才和使用人才，实施人才强企战略。

大型国有企业是实行人才战略下的校企合作的先行者，迈开了校企合作的第一步，带着政策、带着激情和带着成绩匆匆走过十余年，在国有经济发展的道路上起到了重要的作用。与这类企业合作一般比较顺利，因为这些企业目前都有一套比较完善的、成熟的制度，对用人、培养人都有自己的一套方法，甚至在一定的程度上，都有自己的学校、教学设备、实训基地，尤其是有先进的人才培养计划和实施方案。加上这种企业用人比较多，学校在合作时主要考虑人才对点培养，或者对岗培养，在科研、产品开发的合作上就应该考虑怎样促进人才培养。因此，大部分与这类企业合作在政策和落实上都比较顺利。

2. 与实力雄厚的企业合作

对于这类企业，校企合作很容易开展，原因是：一是这类企业并不在乎共赢的问题，只要合作，他们就是赢家，本来已经做得很好了，如果可以合作，无论从投入还是产出，都是划得来的；二是这类企业有的是人才，对于学校的师资问题可以得到相应的解决，"双师型"教育就可以很好地体现；三是这类企业一般比较正规，无论是私营的还是家族式的，一般都有比较完善的体系运行，没有过多的中间应酬和中间环节。但是，这类企业对学校培养的人才要求比较苛刻，一般都是订单式的，不会有很深入的合作，利益最大化也许是他们追求的终极目标。

3. 与传统企业合作

这类企业，无论是企业领导还是企业员工，都比较重视校企合作，不过他们的合作完全是正统的合作，对对方要求是很严格的。虽然合作是双方的事情，但是他们认为会是自己的事情，所以要特别注意以下两点：

一是必须加强学生的思想教育工作，充分认识传统企业的发展和企业文化，结合本专业的基本知识，明确本专业的发展趋势，清楚本专业改造的方向；必须脚踏实地，接受比较严峻的考验，经得起外界环境的诱惑，适应办公环境的朴素和简洁。

二是要求老师要充分挖掘传统企业的优点，尤其是企业文化的背景和思想，要明白党和国家对传统企业的保护和支持，教会学生对传统企业改造点的寻求，产业升级改造的动力所在。此外，教师还要通过教学向企业提出进行传统企业改造的建议和新技术应用的方案，多层次、全方位支持传统企业的升级改造。

4. 与高新技术企业合作

对于这类企业，校企合作一般采用"订单式"合作方式或"认证式"合作方式。企业对岗位的技术要求比较高，对人才需求也是单项的。一般通过以下方式合作：一是企业主动提供新技术的教学课件、教材、技术资料，同时派遣企业高新技术人员到学校进行教学指导；二是学校可以与企业共同建设相关专业，由企业提供人才培养标准、技术认证以及标准化的课程；三是学校和企业共同建立实训室，企业进行技术指导和技术考核，得到符合企业或行业需要的人才；四是企业可以利用网络技术对学生进行模拟训练和技术指导，学校在允许的情况下，可以跨专业开设企业需要的人才课程，有利于"通才+专才"结合的人才培养模式的形成和发展。这些合作方式，既有利于企业人才的选拔，又有利于学校相对针对性不强的专业设置，给学生创造就业机会。

5. 与中小企业合作

与这类企业合作，存在以下几个问题：一是企业制度不完善，企业管理不规范，工作环境不理想；二是要有长远发展的眼光，对涉及投入、产权、设备、场地等都要用书面合同进行约束，以防"走形式"；三是要有预见性，对双方设立的实训基地学校更要做好安全教育工作，保障学生的权益。

为了解决以上问题，学校要开展以下工作：一是高瞻远瞩，给学生说明限于历史、资金、水平、地域等因素中小企业发展有众多局限，但是从整体上看对人才的培养还是有利的，中小企业近几年发展非常好，所以从学校的角度看要积极地与这类企业合作；二是告知学生在这类企业工作对个人的发展很有帮助，机会比较多，要注意仔细观察与记录，思考并提出合理化建议，要展现年轻人的活力，敢于思考，勇于提问，中小企业发展机会是相当多的；三是要从小处着眼，作为老师要善于做好相关工作，引导学生注意细节，逐渐适应企业的工作和生活。

6. 与其他企业的合作

与其他企业的合作就是指与文化素质不高、企业文化匮乏、对学生技能要求不高的企业合作。对这类企业，学校要深入开展调研工作，并帮助这类企业提升自身素质。

二、校企合作类型（学校方）

学校利用企业的资源，建立稳定的实习基地，其生产车间和培训中心成为实践教学的课堂。利用实习企业的设施设备和技术条件，将工学结合融合在生产现场的环境中，把生产现场作为教学课堂，在现场讲解实际操作和解决疑难问题，由企业提供工艺标准、技术人员、工作量具和原材料，要求学生以班组的形式进入工厂学习，由学生直接生产操作，做到真正意义上的工学结合，培养学生的安全意识、班组意识、成本意识、团队意识。这样既完成了实习工厂生产经营的任务，增加了企业经济收入，又提高了学生实际动手操作能力，增长了工作才干，能收到一举两得的效果。

（一）与不同类型的学校的校企合作

1. 与工科类专业的校企合作

（1）对象分析。工科类专业，主要是研究工学方面的专业学科。工学包括地矿、材料、机械、仪器仪表、能源动力、电气信息、土建、水利、测绘、环境与安全、化工与制药、交通运输、海洋工程、轻工纺织食品、航空航天、武器、工程力学、生物工程、农业工程、林业工程、公安技术等学科。这类专业毕业的学生主要面对的是机器而不是人，职业性质主要是工人，所以对仪器设备要有敏锐的洞察力，学会与机器打交道，学会聆听机器的声音，也要学会与同事相处。

（2）合作形式。这类专业的学校，有较多的合作形式，主要有：一是校内工厂式，就是在校内建立企业的实训工厂，校内可以开展生产性的工作；二是学校具有比较雄厚的教师队伍，可以合作开展科研活动，为企业进行应用性的科研服务，并培训企业员工进行科研工作，为企业员工晋升做好基础培训工作；三是学校与企业员工开展多方交流活动，开展形式多样的各种培训、交流、体验、诊断等活动。

（3）合作特点。与这类企业合作，合作特点比较明确，具体有：一是企业可以根据自己的情况与学校合作，可以规模大，也可以规模小，可以投入大，也可以投入小；二是与这类学校合作时间上相对较长，持久性、可发展性比较确定，投入和产出成正比；三是与这类学校合作可以获得比较好的员工，为企业发展带来比较稳定的人才输入。

（4）问题探讨。由于这类院校的合作企业比较多，从而会出现一些问题：一是企业务必要清楚自己需要的人才标准，同时学校也要明确自己输送到企业的是什么样的技能型人才，不要出现协定与结果不一致的现象；二是合作期间利用学生创造的收入要合理支付给学生，并要求学生进行总结，进行有针对性的企业文化渗透教育，进行符合本单位人才规划的选拔活动，引导学生向正确的方向发展，不能唯利是图；三是学校要注意学生的全方位培养，与其他文科专业和艺术专业的学生进行互动交流，不能出现"一专无能"的所谓人才；四是要特别注意安全管理工作，要加强防范安全事故意识，因为这类学校开展教学的一般都是大型设备，学员要学会机械操作，必须有专业化的人员指导。

2. 与文科类专业的校企合作

（1）对象分析。文科类专业，如哲学类、经济类、法学类、教育类、文学类、历史类、管理学类专业，这类专业学生的工作对象是人而不是机器，学生会面临复杂多变的人际关系环境，要求学生具备较强的人际交往能力、综合性的判断能力和独立完成工作的能力。

（2）合作形式。与这类院校合作的主要是普及内训机构。其合作方式有：一是合作成立像律师事务所、会计师事务所那样的机构，参与律师、会计的日常事务，学生能够在学习的过程中体验生活；二是合作成立相关培训机构，比如旅游、外语、软件、服务类的培训机构，充分利用学校的优势资源和便利条件，开展各种培训和咨询工作；三是与学校合作开展一些课题的调研工作、公司上市项目的市场调研工作，完成企业项目的顺利上市和正常运转；四是进行劳务输出合作，比如与商会、旅游景点、外贸公司、社区街道、健身机构等开展形式多样的劳务输出，解决学生就业问题。

（3）合作特点。与这类院校的合作，其特点有：一是形式多样；二是以服务为主，规模化运作比较容易出成绩。

（4）问题探讨。一是双方合作人才培养方案一致，简单的、重复性的活动学生参加适可而止，不能占用学生太多时间；二是活动发生的收入要合理分配给学生，注意培养他们正确的价值观；三是将任务学习、素质培养、目标管理恰当地融入工作任务中；四是工作选择性大，流动性高，就业门槛低，需要培养学生正确的就业观念。

3. 与艺术类专业的校企合作

（1）对象分析。艺术类专业有美术、声乐、舞蹈、播音主持等，这类专业的院校毕业生主要服务于设计制作、乐理指导、形体培训、艺术创作等方面，以满足客户需要为宗旨，要求其具备良好的沟通能力、创新的设计理念、扎实的艺术功底和优秀的表现能力。

（2）合作形式。与这类院校的合作，其形式主要有：一是合作举办设计、制作机构，来从事首饰、服装、广告、动漫、装潢、产品设计等服务性工作，企业可以充分发挥其市场运作能力，学生也可以得到充分的锻炼机会；二是与媒体机构合作从事包装策划、期刊、出版、报纸、电视台、互联网等媒体设计和策划运营工作，使媒体具有更年轻、更有活力和表现力的素材呈现在公众面前，从而使学生在学习阶段明确自己的定位和今后从事的行业；三是可以与一些从事产品生产、销售的企业合作，从事产品的设计开发、包装宣传、企业文化建设，与一些中介机构合作开展艺术的培训和宣传设计工作。

（3）合作特点。与这类院校的合作，其特点主要有：一是学校可以通过企业的投入，基本上满足学生设计需要；二是学生的设计能力得到提高；三是这类合作时效性、随意性也比较强。

（4）问题探讨。一是双方人才培养的方案要清晰，开展活动前明确活动的目的、要求、任务、结果等；二是活动产生的收入要合理分配给学生，注意培养他们正确的价值观；三是分配任务时要注意顾及学生的休息时间，避免长时间疲劳工作，达不到预期的效果；四是活动可以考虑与工科、文科结合进行，有时候会起到意想不到的结果。

（二）实训基地建设的基本原则

1. 系统性原则

高校实训基地建设要有系统建设的观念。高校实训基地建设要紧密结合学校所在地区支柱产业、新兴产业和特色产业的发展，统筹规划学院的实训基地建设。

2. 资源共享原则

所谓资源共享，就是在定位教育实训基地功能时，对基地的所有教学资源进行全面科学的分析，并在此基础上，对教学资源进行合理配置和优化组合，使这种基地的所有教学资源都能发挥应有的作用。资源共享既倡导校内各专业资源共享，又要想方设法与兄弟院校进行资源共享。实训基地的建设一般都需要大量资金，在缺少国家财政支持的客观条件下，坚持资源共享的原则，不仅能使基地建设资金发挥最大效能，还容易形成多功能的高职专业实践教学基地，实现学校内部各专业共享、与社会共享、产学研结合，与地方经济发展互动，最大限度地提高装备、设备的利用率。

3. 体现特色的原则

应用型高校要结合当地经济发展水平、产业结构特点、院校专业特色等情况，规划与建设能够对当地经济和社会发展发挥积极推进作用且富有特色的职业教育实训基地。管理类实训基地建设要能全面完成实践教学任务与职业训练功能，应做到先进性、真实（仿真）性、实用性、经济性相结合。

4. 注重效益的原则

高职院校实训基地建设要注重社会效益和经济效益，建立实训基地管理使用的长效机制。文科类高职院校在实训基地建设中，可能在实训基地建设与运用中很难与理工类高职院校相比较，但可采取多元化的投资策略，努力开辟政府、院校、企业多元化的投资渠道，充分发挥各方面的优势，多种渠道、多种方式筹集资金来建设实训基地。要借鉴企业管理的经验，创新实训基地管理机制，充分发挥实训基地功能，提高实训基地的综合效益。

三、校企合作选择对象的方式

（一）通过政府指定的中介服务机构

校企合作是在特定的时期、特定的环境下的教育改革带来的产物，也是市场化运行的产物。随着校企合作的不断推进和成果的不断显现，人力资源的均衡化发展已经浮出水面，或多或少的企业在当地甚至临近地域进行校企合作已经远远不够，所以校企合做出现跨地域的合作。由于地域的问题，风俗、习俗、语言、交通等现实问题，各地政府组织根据地方情况，引导有能力的企业或机构从事"校企合作"的工作。这种企业或机构被称为中介服务机构。正是这种服务机构，促使企业和学校克服了因了解对方、沟通洽谈带来的困难，节省了精力、财力，在一些领域的合作取得了比较可喜的成绩。因此，中介服务在短期内解决学生的外出实习、外出就业、企业驻校等环节上起到了至关重要的作用。

（二）通过各种学校与企业见面会

在各地政府部门的指导下，经过相关企业与当地相关部门联系，组织应用型高校、企业开展座谈会，把与会各方集中起来进行有效沟通，并充分介绍各自的优势和需求。通过这一平台，学校和企业家还有中介机构可以坐下来进行深入洽谈，并实际考察，最终达成一致意见，为"校企合作"这个工程起到良好的促进作用。

今后值得推荐此类活动经常开展，促进其他经济形式、社会资本之间的有效合作，共同繁荣和发展。

（三）通过专家推荐

校企合作工作开展以来，在合作面、合作度上都取得了可喜可贺的成绩，但是从企业和学校整体发展的角度来看，企业在校企合作上的投入和产出不一定成正比，学校在培养人才方面不一定完全满足企业需求，只是满足了双方基本面上的东西。要进行深层次的合作，还要做很多工作。有些高校专门聘请有经验、有渠道、有能力的教育专家，作为学校的职业顾问，为经营困难的学校和"校企合作"工程出谋划策。

（四）通过两地政府出面协调的联合办学

联合办学是在政府指导下，通过学校和学校之间或学校和企业之间借助对方优势方面进行整合或联手的合作办学。目前主要有中外联合办学、片区联合办学、跨区联合办学等多种形式。联合办学是开展"校企合作"的主要举措，也是落实此项工程的又一个成功举措。通过联合办学考察、申请、实施而达到"校企合作"的目的，此举在一些地区、一些跨区的学校之间和企业与学校之间取得非常好的成绩，值得大力推广。

第四节　校企合作的模式创新

一、订单式培养模式

（一）"订单式"人才培养的意义

"订单式"人才培养是一种校企双方基于合作和共赢意识开展的联合育人模式，该模式极大地拉近了职业教育与劳动力市场之间的距离，它针对社会和市场的需求共同制订人才培养计划，共同实现技能人才培养过程和资源的整合。因此，"订单式"人才培养被誉为职业教育与用人单位（企业）用工无缝对接的成功模式，它的意义主要包括以下三方面。

1. 参与各个方面共同受益

"订单式"人才培养满足了学校、企业、订单学生乃至整个社会的利益，达到了参与各方共赢的效果。

第一，企业对于人才的需求是不断变化的。通过"订单式"人才培养，企业得到了一批动手能力强、满足岗位需求且深刻认同企业文化的合格人才，尤其是特殊或急需紧缺专业人才，为接下来的经营和发展做好了人才储备。同时，避免了到社会上招聘人才的盲目性，节省了招聘成本以及岗前培训的人力、物力和财力支出。

第二，学校实施"订单式"人才培养，一方面提高了毕业生的质量和就业率，在竞争日益激烈的劳动力市场中实现了毕业生的对口就业和稳步就业；另一方面，校企双方的资源得到充分共享，学校双师型队伍得以充实，院校实训设备与场所也能不断改进和更新。同时，也有效地防止和解决了学校办学与社会相脱离的问题，推动了校企合作的步伐，学校将此模式做大做好，也扩大了学校的知名度，做大了学校品牌。

第三，对于订单学生而言，专业定向明确，学习内容针对性强，学习目的明确，学习积极性高，没有毕业后找工作的忧虑，因此更能专心地学习与进步。同时，订单学生掌握了技术，技术即财富，加上年龄普遍较小，走上岗位后能够更好地深造。

第四，"订单式"人才培养还有着极大的社会效益。就业问题是民生之本，是经济社会发展的优先目标，尤其是学生的就业问题关系着社会的稳定和百姓的安居乐业。由于订单学生的就业问题得到了妥善解决，学生和家长的满意度提高，因此在一定程度上稳定了就业大局势，维护了社会的稳定和安定团结。

2. 深化职业教育培养模式改革

"订单式"人才培养是大力发展职业教育的必然要求，是应用型高校主动出击适应市场和时代需求的有效举措。"订单式"人才培养作为校企合作的新形式，以市场需求为导向，保证了专业设置的动态化。在培养目标的设置上满足社会职业岗位对职业人才的规格要求；教学计划和教学大纲的编制具备现实针对性和岗位针对性。因此，对于促进校企合作工学结合，促进职业教育与社会需求的接轨起着重要作用，深化了职业教育培养模式的改革。

3. 体现市场对人才需求的规律

"订单式"人才培养实现了学校专业设置、人才培养目标定位与市场需求的高效衔接。职业教育培养的是技术型人才，而不是院校培养的学术型人才。衡量职业教育是否适应市场需求的重要指标之一是培养的学生是否受到用人单位的欢迎，毕业生就业率是否稳定提高。从这个角度而言，"订单式"人才培养实现了面向市场、以就业为导向的办学理念，及时地顺应了职业院校适应市场化的教学改革的趋势，有效地避免了职业教育与社会生产实际的脱节。从培养目标的定位、专业设置到教学内容、教学方式等多方面都有了较大改进，避免了以往存在的应用型高校培养目标与社会需求间的结构性矛盾（即"就业难"和"招工难"并存的矛盾现象）。提高了订单企业、毕业生、毕业生家长的满意度以及就业的专业对口率，防止了培养目标与市场脱节、与岗位能力脱节的弊端，是一种与市场需求相适应的高技能人才教育体制。

（二）"订单式"的人才培养的类型

我国的"订单式"人才培养分为以下两个类别。

1. 直接订单

直接订单即应用型高校直接与用人企业签订订单，在培养过程中进行合作，并无其他结构的介入。根据实施时间又可以细分为三种形式：一是学前订单，在学校开学之初，企业指派专业人员进入学校对学生进行筛选选拔，并与校方共同协定人才培养方案；二是学中订单，即对新生进行一年的理论知识教育后，在第二学年进行学生和订单企业的互选，并实现校企共同培养，第三学年安排学生到企业顶岗实习；三是毕业季订单，即在学生临近毕业时，企业到学校里选拔人才，再根据企业的需要和选拔结果，与学校签订订单，对学生进行较短时间的培训，这实质上是一种岗前培训契约。

2. 间接订单

间接订单即学校与职业中介机构或中间企业签订订单，培养出合格的人才后，这些中介机构或企业根据各企业的要求，按岗位需求和学生专业对毕业生进行重新分配，这种模式中企业和学校之间没有直接沟通，因此校企合作的性质没有体现。在此过程中，中介机构体现的是一种桥梁的作用，将毕业生介绍或派遣到新单位。在实际应用中直接订单用得较为广泛，本书所涉及的"订单式"人才培养都是指学前订单模式。

具体而言，"订单式"人才培养就是学校根据用人单位的实际需要，与用人单位共同签订订单协议，共同协商制订人才培养方案，培养过程中在师资、技术、设备等办学条件方面合作，并进行校方和企业的双重评价考核，学生毕业后直接成为订单企业员工的一种人才培养模式，这种模式充分体现了产学结合的优越性，这种培养策略，能够从根本上保证学生学习内容的岗位针对性和职业技能实用性，同时也解决了岗前培训问题，使大批毕业生顺利进入人才就业市场，提高了就业率。从社会利益而言，更好地实现了职业教育直接为国家和地方的经济发展培养数以万计的应用型人才的目标。"订单式"人才培养的核心环节包括四部分：校企双方共同制订人才培养计划；教育资源互补，共同培养人才；针对具体岗位要求进行实践动手能力的培养；企业按照订单协议安排毕业生就业。

(三)"订单式"人才培养的特征

1. 针对性

人才培养目标体现了在知识、能力、素质各方面对人才的总要求,是人才培养的总方向,是一切教育教学活动的总目标。当前,我国职业教育要培养拥护国家基本路线,适应生产、建设、管理、服务第一线需要的,德、智、体、美、劳等方面全面发展的技术应用型专门人才。同时,职业教育要以服务为宗旨,以就业为导向,走产学结合发展道路。

"订单式"人才培养正是围绕职业教育人才培养目标,在"订单培养"中体现"校企合作"的人才培养模式。职业教育与普通教育模式的最大区别在于它培养的人才具有技能实践性。岗位技能是学生贴近职场、直接适应企业需要的优势所在,由于"订单式"培养是由企业针对岗位待定需求提出明确的岗位人才需求,学校直接参考具体工作岗位的技术标准、工作流程来制订培养目标和培养计划,按照用人单位对岗位人才的要求实施教学,做到了具体问题具体分析。从而确保了培养目标的针对性和具体岗位职业能力的明确性,也符合了职业教育人才培养目标针对职业岗位的客观规律。由于具体的岗位技能要求细致明了,因此,学生有着明确的努力方向,教师教学也就有了针对性。在此基础上,学校与企业利用共同资源联合培养人才,学生在校期间将理论知识和工作实践紧密结合,毕业后直接到该岗位就业。

2. 实用性

"订单式"人才培养的培养内容具有很强的应用性。教学内容的选择以具体岗位能力要求为基础和依据,体现了实用性、针对性、典型性、适用性和鲜明的时代要求。在培养过程中尤其强调实践环节,突出了具体的实践操作技能,保证了职业适应能力,培养出来的毕业生往往一上岗就能熟练地进行工作,因此有效地增强了毕业生在劳动力市场上的竞争力。

3. 协作性

"订单式"人才培养有两个显著的特征:一是学校与企业共同制定人才培养方案,教学中的理论知识与技能训练内容由专业教师和企业工程师共同制定;二是企业全面参与人才培养过程，在师资、技术、办学条件等方面与学校合作，提供相应资源，并参与人才质量考核和评估。

第一，校企双方代表共同制定人才培养方案。"订单式"培养条件下，校企双方是一种合作和双赢的关系，这种关系贯穿于整个培养过程。为了保证订单培养的毕业生真正达到目标岗位的要求，符合企业对于人才的需求，企业应该全方位、深层次地参与订单人才培养过程：与校方沟通，共同制定人才培养方案；对课程设置与教学内容提出具体要求，对课程的内容、结构、比例和总体课时做系统的安排、调整、更新和改造；参照培养目标，配合学校进行考核；等等。

第二，教育资源的共享性特征。教育资源的共享性主要包括校内外师资以及实训资源的相互配合。为了保证实践教学质量，使得教学内容密切联系企业生产实际，企业需要派出理论知识丰富同时实践动手能力强的企业专业人员到学校授课，并指导学生到企业顶岗实习，达到了校内理论教师和校外实训教师的相互补充，也达到了校内理论教学与校外实习实训互补、补充学生的综合知识技能结构的目的，这种模式将企业和学校以"订单"的形式紧密融合起来，利用优势全面的教育资源，使学校与订单企业、校内教学和校外实习结合成一个全面系统的"育人共同体"。

(四)"订单式"人才培养模式的流程

1. 确立订单合作企业

"订单式"人才培养的最大特点就是按需培养。企业的需求与支撑是"订单式"人才培养的前提，获得订单是"订单式"人才培养方案确立的关键。由于企业是直接使用订单人才的地方，只有拥有大量的企业供学校筛选，学校才能优中选优，挑选出最符合学生需求的合作伙伴。因此，学校必须立足于市场需求，积极争取资金雄厚、技术先进、诚信度高、发展前景较好的企业作为订单企业。同时，要对合作企业的管理模式、创新能力、技术实力、产品占有率、发展潜力、形象和信誉以及对于一线人才的需求情况等进行全方位的调研。与企业就订单数量、人才规格、课程设置、资源共享方式、校内学习和企业实习的方式、考核方式、淘汰机制、毕业生待遇等都需要进行细致的协商，达成共识并以"订单"的形式加以规范，以保证"订单式"人才培养工作能够规范而有序地开展。

2. 构建信息咨询网络

构建信息咨询网络即构建全覆盖、范围广的产学结合信息咨询网络，以促进信息交流。在当今社会，社会对技术工人尤其是高级技工的需求越来越大，其福利待遇也水涨船高。但目前有相当一部分应用型高校与企业面临着这样一个难题：一方面是毕业生在社会竞争下就业困难；另一方面是企业难以招到符合需要的高技术人才。为避免这种情况的出现，在"订单式"人才培养中，学校要建立起全方位的产学信息咨询机构，通过多种途径与企业开展信息交流，这样双方都能准确而及时地了解对方的情况，避免因为信息不对称引起的订单难题。

首先，学校要向学生详细提供合作企业的详细信息，包括企业的经济类型、生产规模、组织结构、经营和管理模式、企业文化及核心价值观等，使学生能全方位地了解订单企业。

其次，要组织企业专门人员向学生介绍企业的经营哲学、价值观念、精神风貌、管理制度等企业文化，使订单学生能尽早地了解并接受企业文化，在以后的工作中尽快地融入进去，达到观念性与实践性的统一。

最后，企业要就学生关心的内容进行答疑。例如，具体工资待遇、福利项目、进步空间、历届毕业生的就业跟踪等。在此过程中，企业要及时、真诚地与学校有关部门配合，并提出自己的意见。在学校和企业的积极配合下，既保障了信息的及时性和准确性，又能使学生准确了解自己所处的订单详情。

3. 签订订单相关协议

校企双方负责人达成共识之后，派出各自代表来签订"订单式"人才培养协议。订单协议要严格遵照资源共享、互利共赢、平等协商、共同发展的原则制订，订单协议明确了培养时间，重点规定了甲方（学校）和乙方（订单企业）的权利和义务。甲方义务一般包括设置订单专业、组建订单班级、与乙方共同制订教学计划及课程教学大纲、完成教学计划、协助参与对学生的实训指导工作、明确对违反企业规定的学生的纪律处分等。乙方的义务包括与甲方共同制订教学计划和课程教学大纲，负责对"订单式"人才培养学生的实习岗位的落实，参与学生实习、实训课程的实践教学指导工作，对学生的实训情况进行考核、选择内部的熟练技术工人参与相关课程的教授等。

4. 组织订单式人才培养

(1) 确定目标并拟定培养方案。

本着合作性的原则，订单企业要提供行业专家和资深人士，组成专业建设指导委员会与校方代表合作，共同制定完善的人才培养方案与专业发展规划，使培养出的学生更具岗位适用性和社会适用性。

人才培养目标的制定既要满足教育部关于职业教育以服务为宗旨，以就业为导向，为国家现代化建设培养千百万高素质技能型专门人才的目标定位，又要充分体现企业的特殊需求，符合企业的用人标准。另外，人才培养方案要及时调整：专业方向的设置要参照企业的生产规模、经营状况、市场前景、技术水平和岗位具体需求；教学进度计划和学制学年的设置要符合学生掌握知识技能的学习规律；确定理论课程与实践课程的课程比例和学时学分、考核所占比重，以适应"订单式"人才培养的需要。

(2) 培养方案细化与贯彻实施。

第一，构建科学的课程体系。"订单式"人才培养是一种针对性很强的教育模式，它的顺利开展牵涉到具体培养目标的改革，因此就离不开学校对原有办学模式、教学方法、管理体制、课程体系、考核方式的改革。因此，学校必须有锐意革新的精神和大刀阔斧的力度，精心制订课程方案，优化培养模式，构建新的课程体系（如增设实用课程、开发实训课程等），狠抓落实，才能将"订单式"人才培养做大做好。在设置课程内容时，要把技术应用能力和职业素质的培养作为主线，遵循"实际、实用、实践、实训、实效"的原则；教学环节中要明确不同课程在管理学习方面的要求及其所占的比例，尤其是要突出实践课的比例；考核中要校企合作，共同制订考核标准，理论课的考核一般由校方来组织实施，而相关的技能测试类的考核主要由企业来组织进行，全方面提高综合评价培养质量。要保证培养方案的有效贯彻和实施，需要建立和完善教学实训基地。完善的校内外实训基地是提高学生动手能力的重要场所，也是实行"订单式"人才培养不可或缺的重要基础。

第二，完善的校内仿真实训基地。实习实训是"订单式"人才培养的重要环节，它与生产实践极为接近，也与新技术的进步同步，因此对于实训设备提出了严格的要求。为了将实践性教学落到实处，保证教学的高效性，校方应该建设符合企业需要的教学实习实训中心，配置所需的基础设备及先进设备，并仿照企业的管理模式进行运作，这样既便于学生在实训过程中体验企业工作环境，又便于设身处地地深入了解企业文化。

第三，全方位的校外实训基地。校外实训是应用型高校培养职业人才的关键环节之一，是提高学生实际动手能力和职业能力必需的教学手段。校外实训基地是校内实训基地的重要补充，也是产学研合作教育的重要依托、培养学生综合职业素质的实践性学习与训练的场所。校外实训基地是指直接将订单企业作为学生实习和实训的场所，将学生送到企业进行顶岗实习，由于他们在校内已学到了一定的基础理论知识并在实习实训过程中提高了技能水平，因此他们能够较快地将所学知识应用到企业的实际生产活动中去，一般用时三个月到半年。在这个过程中学生不但巩固了已有知识，而且进行了一线锻炼，全面地了解了企业的实际生产过程和企业文化。

5. 依据订单协议安排就业

经过两年或三年的订单培养，"订单班"的学生在特定岗位技能方面一般会得到相应的提高，因此安排订单学生就业就成为履行订单协议的最后步骤。因为"订单班"在组建过程中一般都按照一定的比例扩大招生，这样便于在培养过程中实行激励机制，毕业考核时企业能够充分选择达到培养目标的订单人才。因此，应用型高校应当按照订单中考核体系的要求，结合企业的评价结果确定出学生的综合成绩，向企业推荐基础扎实、技能熟练、态度积极的毕业生，企业优先录用。企业也要履行好协议，安排合格毕业生定岗就业。

二、专业系+企业群模式

应用型高校与校办企业产学研合作教育，是一种以技能人才培养为主要目的，侧重于产学，采取工学交替方法培养人才的教育模式，它是一种以培养学生的全面技能素质、综合技能应用能力和就业竞争力为重点，利用学校和校办企业这两种不同的教育环境和教育资源，采取课堂教学与学生从事实际技能技术生产相结合的方式，培养满足用人单位需要的应用技能型人才的教育模式。校企合作、产学结合是我国职业教育改革和发展的基本思路，也是应用型高校生存和发展的内在需要。各应用型高校也普遍认同这种发展模式，但在实际运作的过程中，却遇到了许多问题，制约了校企合作的深入、持续、健康发展。我们在研究和探索的过程中，尝试了使校企合作、产学结合向更深层次发展的几种模式，较为有效地解决了一些问题。"专业系+企业群"就是一种较好的校企合作教育模式。

专业系+企业群这种模式要求学院与相关专业的行业协会建立合作关系。由于现在的企业活动多是在行业的组织下开展的有序的经济活动，经济运作已逐步转为以行业为主导的形式。应用型高校如果加盟到该行业，就可以享受到该行业、企业群的诸多资源，同时，学院也可利用自身的资源和优势为企业群体服务，达到资源共享、互惠互利的目的。

专业系+企业群模式的合作的形式是：学院成立专业指导委员会，由学院领导、专业带头人和行业、企业界专家与技能高手组成。委员会的主要职责是制定学院专业发展规划、实验实训基地建设规划、师资队伍建设规划、审定新专业培养计划等。学院教师与企业专家在市场调研的基础上，根据行业需要，共同制定人才培养方案，确保学生获得的是本专业市场所需要的扎实的基础知识和应用技术；企业专家走进校园，对学生进行新知识、新技术、新工艺的培训，同时，学生也进入企业顶岗实训；企业专家和学院教师共同帮助学生解决实践中遇到的问题，收集学生的反馈意见，调整在校学生的培养计划，使学生更好地适应行业企业的需要。同时，学院利用自身的人才优势和技术、科研优势，为行业企业提供技术服务和咨询。

专业系+企业群模式的这种与行业、企业群的合作模式，较之与单个企业的合作具有明显的优势，如学生能适应更多企业的需求和企业环境，从而能避免企业遭市场淘汰给学校和学生带来的损失和影响，学生毕业后能进入更为宽泛的职业领域；就学院而言，建立了相对稳定的学生实习实训基地，使专业设置更能适应和满足行业企业发展的需要。学院与行业、产业部门合作，发挥双方的积极性，优势互补，合作办学，提高了学生、教师和企业、行业参与的热情，是一种较深层次的合作。

三、校办企业模式

校办企业的校企合作模式，就是学院利用自身的某些专业技术和人才优势，自己创办公司或经济实体，公司的所有成员都由学院的专业教师和学生组成，公司是相对独立的经济实体，实行市场化运作，自负盈亏。对外承接业务，系主任为公司法人代表，学生一进学校就从公司的最基层干起，跨入校门后就有两个身份：学生与公司员工。

一般而言，公司员工全部由专业教师和学生组成，学生直接参与到公司所承接业务的投标、洽谈，校内校外工程的规划、设计、施工及公司的经营管理等事务之中，公司承包的项目，也全部由学生动手参与，这种模式的优势是使产学结合、校企合作不再只停留在学校与社会的层面上，学校自创的经济实体是对校外企业的模拟，按照市场经济的规律运作，学生不是为了实习而实习，而是一种实战的训练。学生将学到的专业知识和技能在实践中加以运用，实现了就业"零距离"上岗的培养目标。学生的专业技能在实际操作的过程中得到提高的同时，学生的主体作用也得到充分发挥，极大地调动了学生主动参与的积极性。同时，自创的经济实体也利用了自己的技术优势和人力资源优势，创造了一定的经济效益，为多渠道解决学生实习实训提供了更多更好的条件，为应用型高校的多元管理模式提供了更好的思路。

与校办企业相似的还有专业系+技术服务平台的方式，这种模式主要是应用型高校利用自己的技术优势和人才优势，为相关企业、行业的发展提供技术服务平台。教师带领学生直接参与企业的产品研发，提供市场信息，为企业的发展出谋划策，这样做的好处是，对企业而言，能为它的发展甚至走出困境提供帮助；就学校而言，学生参与的积极性高，积累了实战经验，毕业后很快就能在服务过的单位找到专业对口的工作，有些优秀的学生在实习时就已成为这些企业的骨干。从而使企业、行业与学院之间的联系更为紧密，真正达到双赢的目的。

对于有行业背景的应用型高校，这种模式能更好地发挥作用，能使学校拥有的优势资源为地方经济的发展服务，这种校企合作模式的特点是学院充分利用自身的专业技术优势和人才优势，多形式寻求与企业合作的结合点，使学生在真实的工作情境中进一步增强了动手能力、解决实际问题的能力以及适应能力，从中学生提高了自己的职业技能，也给参与合作的企业带来了效益，调动了企业参与合作的积极性，达到了"双赢"的效果。

将企业引进学校，这也是人们早已提倡的一种校企合作的模式，这种模式的最大亮点就是在校内这样一个相对集中的环境里实现理论学习与顶岗实训相结合，既解决企业场地短缺的矛盾，又弥补学校仪器设备不足的缺陷，真正做到资源共享、校企双赢。但问题是在实际生活中，这种校企合作模式难以实现，主要的问题在于学校的场地不足。一个小型工厂，动辄也需数千平方米的建筑，还需要办公用房与职工住房，且工厂周边也需要有一定的空间用于学校的课堂教学，所以想要让工厂进学校，也确非易事。另外，把工厂引进学校，不仅要与学校开设的有关专业对接，还必须要求这些与之相符的专业能较长时期存在与兴旺，以保证企业的持续发展。

四、岗位承包模式

在职业教育的发展中，强调以人为本和能力培养的认识早已得到肯定。就一般学校而言，围绕这个中心开展工作的瓶颈就是现有资源未能得到充分利用及专业教师潜能未能得到最有效发挥，换言之，这是当今培养高素质技术技能人才的瓶颈。而突破这个瓶颈的探索，都归结到应用型高校如何创新教学模式的层面上来。多年来，一些应用型高校就这个课题，尝试了多种教学模式改革方案，其中"专业教师目标承包制"是较为成熟的一种模式，在一些学校教学模式改革中，取得了较好的效果。

（一）岗位承包模式实施的具体事项

实施目标承包制的培养模式，一般而言，首先是承包人的确定。承包人当然是由个人申请，学校考核、权衡、决定。一般从专业教师或实习指导教师中选择，以一体化（"双师型"）教师最为理想。当然，前提是该承包人必须具备专业特长和教学能力，同时有一定的组织能力和协调能力，且能顾全学校大局，充分、灵活地利用学校的资源、设备和条件，并预期可以较好地完成学校下达的教学目标，最后与学校签订目标承包责任状。

确定承包人之后，然后要确定承包人的权、责、利。承包人可根据学校的教育、教学目标，在学校范围内，自主选择 2~3 名教师搭建教学承包小组，并带领这个小团队，在学校的领导下，在相关科室的监督下，做好所承包班级方方面面的工作，完成学校下达的教育、教学目标。例如，在学校总体教学规划框架下，制订实施教学计划（含实习课题计划）；根据学校现有条件和教学目标，安排教学进度计划；综合考虑国家职业鉴定标准和市场需求安排教学内容和实训课题；选用适合的教材，并作适当的取舍和补充；做好班级日常管理、教学过程管理、学期教学质量评估和验收；承包小组成员和外聘教师的课时费核算；等等。

当然，在利益上也应该尽量考虑周全。按一些学校的经验，一般的做法是取学校能力范围内的最大值，具体而言，就是以班级为单位，取学校平均课时费的2~2.5倍，加班主任费和各项奖金等，作为基本承包费，归承包人支配和发放。成绩突出再另行奖励。

对承包人的考核及奖励方式为：承包班级除参加学校的一般考核外，还要接受几项单独考核。考核思路是轻过程，重结果。学生学期考核的及格率、优秀率、参加各项大赛的名次及毕业前的国家技能鉴定等，都按所制订的教学目标（百分率）进行衡量，每增、减一个百分点，相应的奖金也增、减一个或几个百分点。

（二）岗位承包模式实施的职能转变

实施目标承包制的教学模式，势必会涉及学校管理机制的改变或更新，必然涉及一些综合科室职能的变化，如教务、实习、学生管理等。例如，以往以指导、管理、监督为主的职能，改为以服务、协调、监督为主的职能。其中"服务"这一项最为显著。突出服务意识在教学模式改革中非常关键，需要对学校中层干部进行一些必要的宣传和教育，方能改变观念、达成共识，从而扫清运作中的人为障碍。在试行专业教师目标承包制前，要求每个科室都要重新划清本科室的职能、职责和权力范围。在这里不再逐一科室对应赘述。

（三）岗位承包模式实施的效果评价

岗位承包模式实施后，教学计划落实更为灵活，教学各环节衔接更为顺畅，充分体现了培养社会需要的应用型技术技能人才的当今职业教育理念。

岗位承包模式以学会为目的。课题实习环节不再像过去一样，强调进度一致，而具有因材施教的灵活性，如允许动手能力差些的同学滞后一个课题，然后补上。在运作中，能够形成比技术、比技能的氛围，可以大大改善以往学生的学习心理状态，提高学生学习的主动性。同时把以人为本的思想落到实处。

实施承包方式后，承包人把班级管理、教学及校园生活有机地融合到一起，对学生各方面能力的培养、择业观念和人生价值观等的形成，都产生积极的影响。更为突显的是师生间的关系和产生的师生情结，犹如过去师傅和徒弟间的那种师徒关系和师徒情结，令人喜出望外。

与此同时，也能调动教师的积极性，能使承包教师的风采得到展现。一般说来，有些学问、能力的人，都不愿在条条框框太多的环境中工作，因为在这种环境中自己的才能得不到施展和发挥。实施承包方式后，除教师的责任心增强外，其专业才华、工作能力以及进取精神等得到充分展示，甚至教师的个性和魅力，都得到了淋漓尽致的展现。

五、工学交替模式

工学交替模式就是以岗位能力为主导、理实融合校企共育的人才培养模式。

工学交替是应用型高校一种全新的人才培养模式，也称为"工学结合""半工半读"，是指应用型高校学生在企业学习与在学校学习交叉、交替进行。实现校内学习与企业实践结合，工作与学习结合，学习与就业结合，工学交替充分体现了以就业为导向，以服务为宗旨的办学宗旨，是培养职业型、技术型、应用型创新人才的有效途径。

工学交替人才培养模式，是按照本专业毕业生就业面向岗位及岗位群对素质、能力的要求，确定专业人才培养目标、设置课程体系及开发教学资源等，从学生进校到毕业的整个培养过程中，充分利用校企共育平台（校内外实训条件和企业生产等条件），使学校与企业相结合，学生学习与工作相结合，学习内容与岗位要求相结合，广泛采用"工学交替"和"理实一体"教学模式，培养学生全面岗位素质的同时，强化学生岗位能力的培养。

（一）工学交替模式的深远意义

工学交替、半工半读是我国职业教育改革的重要方向，是我国职业教育发展的根本举措。对学生职业能力、动手能力和就业能力的培养作用突出，对优化教育资源、促进学生与企业岗位"零距离"接触，培养学生自立、自强意识具有极强的引导作用。

第一，工学交替模式有利于培养学生动手能力。工学交替、半工半读能实现学校与企业深度融合、学生与岗位"零距离"接触；能使应用型高校师生更好地了解企业新知识、新技术、新工艺、新设备的应用；能有效地解决生产实习、社会实践与工作实际脱节的问题。通过工学交替，学生深入实际工作岗位，参与生产劳动，这不仅能培养学生工作技能和动手能力，还能使学生的理论知识得到巩固，理论与实践密切结合。因此，工学交替、半工半读是培养应用型高校学生综合能力的有效手段和途径。

第二，工学交替模式有利于充分挖掘社会职教资源。应用型高校普遍存在实习实训资源有限、生产性实训设备缺乏、实训成本偏高等问题，影响人才培养质量。而工学交替、半工半读的办学模式，能更好地利用实习实训资源和生产资源，使学生在真实环境下工作，与企业"零距离"无缝对接，更好地实现共享资源、凝聚资源、整合资源，使社会资源有机地服务应用型高校办学需要，充分发挥社会资源在人才培养方面的价值和作用。

第三，工学交替模式有利于贫困学生顺利完成学业。工学交替是一种学习与工作相结合的状态，工作能使工学交替的主要参与者得到一定报酬，用来补充学费，实现家庭零负担或少负担，这对解决部分贫困学生的经济困难，缓解经济压力，帮助家庭贫困的学生顺利完成学业具有实际意义。

第四，工学交替模式有利于培养学生职业精神和创业精神。工学交替有利于学生接触了解社会和就业岗位，使学生能正确认识国情，全面了解行业，培养学生的创业意识和创业精神，对学生的人生观、价值观、择业观等产生积极影响，使学生在校期间就有了难得的"工作经历"，参与企业的生产和管理，学会做人、做事，不断增强职业道德意识和工作责任感。

（二）工学交替模式的实施

实施"工学交替"模式，主要是校企共育平台的建设：培养各专业学生具备相应的理论知识与专业技能，实施教与学的结合、学校与企业的结合、学习与工作的结合，校企共育平台建设是本模式实施"工学交替"的基础和保障，只有建设好校企共育平台，才能保证工学交替培养的深入实施。校企共育平台的建设主要包括校内、外教学环境的软硬件建设。

第一，校内教学环境建设。校内教学环境建设主要是校内实训基地的建设，实训基地应具有规模性、仿真性、系统性、技术先进性等特点，例如，根据汽车制造与装配技术专业人才培养目标，学校应建有能培养学生车、钳、铣、刨、磨、焊等基本技能训练的实训室或实训工厂；培养学生汽车结构、原理等基本知识和汽车整车及组成部件拆装基本技能的实训室；供学生查询资料的专业电子资源室；等等。

第二，校外企业教学环境建设。工学交替模式能否深入实施并取得成效，关键是找准校企双方的利益共同点，实现互惠互利、合作共赢的根本目标，选择合作的企业应满足生产技术先进，管理严格，经营规范，社会声誉好，生产任务饱和，能提供学生实现技能训练的操作岗位，能提供学生生活、学习等相应条件，能全面配合学校进行学生培养工作等条件。

为保证各专业"理实融合，校企共育"，确保工学交替的深入实施，应该与地方生产企业合作共建校企共育平台，实现校企合作育人、合作办学、合作就业、合作发展，学校的核心职责是确保校企共同参与学生培养全过程，为学生实践提供岗位，为企业提供人才资源，为企业员工提供业务培训。

（三）工学交替模式的实践

以岗位能力为主导，理实融合校企共育人才培养模式的具体实施方面，此处以汽车制造与装配技术专业为例，学校可以成立"职业技术学院汽车学院"的校企实体，以此为平台实施以岗位能力为主导，理实融合校企共育人才培养模式，总体思路是：实施多学期、短学制、进行工学交替。注重文化及专业基础知识、行为习惯养成和综合素质等基本知识与基础能力的培养，充分利用校内"人文训育中心""专业教学室""校中厂"等，进行理实一体教学，适时到企业进行岗位实习；重视核心能力的培养，在校企共育平台上实施工学交替，按培养项目，实现理论学习与岗位操作交替融合，培养学生综合素质的同时，强化学生职业意识和专业技能的培养；最后一期则充分利用现代制造业职业教育集团资源，保证学生进行顶岗综合实习。为了充分保障"工学交替"人才培养模式的实施，他们着重进行了以下三方面的努力。

第一，建设校企合作共育平台。企业在每个实习操作阶段给学生提供操作岗位，一般的企业是不愿意的，主要原因是学生进行岗位操作，其本身是处于学习阶段，未形成岗位综合能力，进行实际操作就会影响企业生产进度、影响企业生产质量，同时还涉及学生安全等方面的一系列问题。因此，要提高企业参与人才培养的积极性，应充分考虑双方的利益。对学校而言，应考虑企业的利益点是什么、学生操作给企业生产带来的损失如何补偿、如何解决企业员工招聘和员工培养培训及其长效机制、如何与企业进行技术合作等问题，因为企业要有利可图才会积极地参与人才培养，该校与企业合作共建学院是深入进行校企合作、进行长效合作的一种探索和创新，切实解决了双方的需求，实现了互利互惠、优势互补，提供了学生企业实习的各种条件，提高了企业参与人才培养的积极性与自觉性。

第二，建设高素质、稳定的专兼职结合的教师队伍。建设一支熟悉生产、管理、服务第一线并掌握生产技术的"双师型"专兼职教师队伍是本模式得以实施的根本保障。对于学校专职教师，相对缺乏的是专业实践能力，学校应充分利用各种资源，加强教师专业实践能力的培养，学校应制定相关政策，保证新参加工作的专业教师原则上第一年到企业实践锻炼，其他教师应有到相关企业实践锻炼的机会，保障专职教师专业技术上有更新，实践能力和技术服务能力有提高。对于企业兼职教师，学校应建立兼职教师资源库，提供条件让兼职教师得到职教精神、教学方法、教学艺术等方面的培养。在教学安排中，能根据培养项目及时聘请相应兼职教师担任教学任务。

第三，建立完善的学生及教学管理制度。要顺利实施以岗位能力为主导，理实融合校企共育的人才培养模式，应建立完善的学生管理、教学管理制度，包括学生生活管理制度、学生安全管理制度、学生劳动报酬制度、教师考核管理制度、教学考核评价制度等，通过完善的制度体系保障校企合作顺利进行，规范学生的学习过程，规范教师的教学行为，保障教学质量的提高。

实施"工学交替"的人才培养模式，深化了校企"四合作"机制，提高了企业参与人才培养的主动性，整合了社会教学资源，在人才培养过程中全面实施工学交替，培养了学生全面岗位素质，强化了学生岗位能力，提高了教学质量。

总而言之，"工学交替"模式关系到坚持以就业为导向、以能力为本位，建设中国特色职业教育的一个深层关键问题，工学交替符合职业教育发展规律和人才培养要求，有利于提高学生的企业文化、职业素养，有利于减轻学生及其家庭的经济负担，有利于提高学生岗位能力和就业能力。

六、实体融合模式

近年来，许多学校不断探索校企合作的新模式、新方法，广泛开展各种模式的校企合作，特别是采用了"引企入校"的合作新模式，构建校企深度融合发展的新平台，为企业培养了大量高技能人才，取得了较为明显的成效，人们把这种校企合作形式称为实体融合培养模式。

实体融合是开展"车间教室合一、学生学徒合一、教师师傅合一、理论实践合一、作品产品合一、育人创收合一、学校工厂合一"培养思路的具体实践，应该说，"引企入校"模式是实现专业能力培养与岗位对接零距离，构建技能型人才培养新模式的良好途径。

(一) 实体融合模式的主要内容

第一，实体融合，共建"专业+公司"专业实体。依托产业办专业，围绕专业建设，引进社会资金和技术，不仅解决了制约职业教育发展投入不足的问题，又以专业的技术力量和现有的车间厂房（部分生产性设备）为基础，通过校企联合，共建"专业+公司"的实体，通过校企的共建，教学具有真实工作环境和生产性实训基地，优化了校园生态。根据"专业+公司"专业实体建设要求，学校多方引进产业实体化公司，开展校企合作。

第二，以协议形式，与企业建立契约关系，引企入校。本着优势互补、资源共享、互惠双赢、共同发展的原则，校企双方以协议形式，明确职责，规范双方的行为，建立长期紧密的合作关系。合作内容还包括：开展互认挂牌，就业推荐，员工培训合作；订单培养，专业建设合作；顶岗实习，实训基地建设合作；互派挂职交流合作；教学、实训、科研及产学合作；等等。

第三，加强组织管理、指导协调，确保教学功能和生产功能的充分发挥。为了确保教学功能和生产功能的充分发挥，学校必须成立校企合作指导委员会，下设校企合作办公室，在校级层面指导和管理各专业与企业的合作，做好校企合作规划与资源优化，统一协调解决合作过程中遇到的问题。并建立符合校企合作需要的学校管理制度，建立合作项目管理制度，建立具体的合作目标体系及实施细则，进行有效的过程监控和绩效评估。

（二）实体融合模式的实施效果

校企零距离接轨，学校通过"引企入校"的模式，极大地缓解学校专业建设和发展资金、技术、师资中的矛盾，促进了学校办学理念、办学水平的与时俱进和办学质量的全面提升，促进了专业建设水平的提升，促进了师生的成长和学生的就业。实体融合模式的实施效果主要表现在以下三方面。

第一，先后入驻的企业不仅带来了设备、技术、师资，而且带来了现代企业的先进管理理念和制度文化，这样就让学校广大师生真切感受到了现代管理的先进性和优越性。入驻的企业有可能使学校的办学理念、育人机制、培养方案、管理模式、运行制度等发生深刻的变革，这必将全面推进学校各方面的发展。近年来，有一些职业学院对这一培养模式进行了深入的实践，并取得了一定的成绩。

第二，深度融合的校企合作，不仅奠定了各专业转型发展的基础，而且实现了专业建设的可持续发展。

第三，企业入驻学校，师生能更便捷地深入生产一线，能及时了解行业形势、专业发展，明确自身水平能力提升方向；能及时了解和掌握企业对所需人才规格的要求；能把掌握的理论知识与实践更好地结合起来，从而强化师资队伍建设，提高"双师"素质，学校可以通过这样一种校企合作对师生进行"真岗位、真任务、真要求"的"三真"技能训练，极大地提高学生的实践能力与操作水平。

第二章 电子商务与电子商务专业

第一节 电子商务的内涵及发展

电子商务通常是指在全球各地广泛的商业贸易活动中，在因特网开放的网络环境下，基于浏览器/服务器应用方式，买卖双方不谋面而进行各种商贸活动，实现消费者的网上购物、商户之间的网上交易和在线电子支付，以及各种商务活动、交易活动、金融活动和相关的综合服务活动的一种新型的商业运营模式。从英文字面意思上看，电子商务就是利用先进的电子技术从事各种商业活动的方式。电子商务的实质应该是一套完整的网络商务经营及管理信息系统。再具体一点，它是利用现有的计算机硬件设备、软件和网络基础设施，通过一定的协议连接起来的电子网络环境进行各种各样商务活动的方式。通俗地说，电子商务一般就是指利用国际互联网进行商务活动的一种方式，如网上营销、网上客户服务以及网上做广告、网上调查等。电子商务可以分为三个方面：信息服务、交易和支付。主要内容包括：电子商情广告；电子选购和交易、电子交易凭证的交换；电子支付与结算以及售后的网上服务等。主要交易类型有企业与个人的交易（B to C 方式，B2C）和企业之间的交易（B to B 方式，B2B）两种。参与电子商务的实体有四类：顾客（个人消费者或企业集团）、商户（包括销售商、制造商、储运商）、银行（包括发卡行、收单行）及认证中心。

电子商务各国政府、学者、企业界人士根据自己所处的地位和对电子商务参与的角度和程度的不同，给出了许多不同的定义。

一、电子商务的不同定义

（一）电子商务的通俗定义

电子商务是指利用互联网为工具，使买卖双方不谋面地进行各种商业和贸易活动。

电子商务是以商务活动为主体，以计算机网络为基础，以电子化方式为手段，在法律许可范围内所进行的商务活动过程。

电子商务是一个不断发展的概念，电子商务的先驱 IBM 公司于 1996 年提出了 Electronic Commerce（E-Commerce）的概念，到了 1997 年，该公司又提出了 Electronic Business（E-Business）的概念。我国在引进这些概念的时候都翻译成电子商务，因此很多人对这两个概念产生了混淆。事实上这两个概念及内容是有区别的，E-Commerce 应翻译成电子商业，有人将 E-Commerce 称为狭义电子商务，将 E-Business 称为广义电子商务。狭义电子商务指利用电子信息网络实现的商品和服务交易活动的总称。广义电子商务泛指应用电子及信息技术而进行的各种经济贸易活动。

（二）广义电子商务的定义

电子商务是指交易当事人或参与人利用计算机技术和网络技术等现代信息技术所进行的各类商务活动，包括货物贸易、服务贸易和知识产权贸易之间（主要是企业与企业之间、企业与消费者之间）利用现代信息技术和计算机网络按照一定的标准所进行的各种商务活动。

对上述广义电子商务的定义，可以从以下三方面来分析和理解。

首先，电子商务是一种采用最先进信息技术的商务方式。交易各方将自己的各类供求意愿按照一定的格式输入电子商务网络，电子商务网络便会根据用户的要求寻找相关的信息，并提供给用户多种交易选择。一旦用户确定了交易对象，电子商务网络就会协助完成合同的签订、分类、传递和款项收付结转等全套业务，为交易双方提供一种"双赢"的最佳选择。

其次，电子商务的本质是商务。电子商务的目标是通过互联网络这一最先进的信息技术来进行商务活动，所以它要服务于商务，满足商务活动的要求，商务活动是电子商务永恒的主题。从另一个角度来看，商务也是不断在发展的，电子商务的广泛应用将给商务本身带来巨大的影响。从根本上改变人类社会原有的商务方式，给商务活动注入全新的理念。

最后，对电子商务的全面理解应从"现代信息技术"和"商务"两个方面思考。一方面，电子商务所包含的"现代信息技术"应涵盖各种以电子技术为基础的现代通信方式；另一方面，对"商务"一词应作广义的理解，是指契约性和非契约性的一切商务性质的关系所引起的种种事项。用集合论的观点来分析，电子商务是现代信息技术与商务两个子集的交集。

（三）狭义电子商务定义

狭义电子商务定义是仅仅将通过因特网进行的电子商务活动归属于电子商务。从发展的角度来思考问题，在考虑电子商务的概念时，仅仅局限于利用因特网进行商务活动是远远不够的。将利用各类电子信息网络进行的广告、设计、开发、推销、采购、结算等全部贸易活动都纳入电子商务的范畴比较符合发展实际。

今天的电子商务通过少数计算机网络进行信息、产品和服务的交易，未来的电子商务则可以通过构成信息高速公路的无数网络中的任何一个网络进行交易。也就是说现在电子商务以因特网为主要载体，但不等于只能永远采用这一种载体，未来的电子商务必将采用比因特网这一目前覆盖最广的载体还要先进得多的其他网络载体。

二、电子商务的经营模式

电子商务经营模式是指电子化企业如何运用资讯科技与互联网经营企业的方式，可简略归纳为 B to B（Business to Business，B2B）、B to C（Business to Consumer，B2C）、C to B（Consumer to Business，C2B）、C to C（Consumer to Consumer，C2C）、O to O（Online to Online，O2O）五种经营模式。

（一）关于 B2B

B2C 概念：B2B 主要是针对企业内部以及企业（B）与上下游协力厂商（B）之间的资讯整合，并在互联网上进行的企业与企业间交易。借由企业内部网（Intranet）建构资讯流通的基础及外部网络（Extranet）结合产业的上中下游厂商，达到供应链（SCM）的整合。因此透过 B2B 的商业模式，不仅可以简化企业内部资讯流通的成本，更可使企业与企业之间的交易流程更快速、更减少成本的耗损。

B2B 运作：阶段一，让整个企业与企业间的"供应链"与"配销商"管理自动化，透过互联网，不但节省成本增加效率，更能增加开发新市场的机会，企业间商业交易资讯交换，如采购单、商业发票及确认通知等。阶段二，电子资料交换（EDI），其运作方式是将电子表格的每一个字段，以一对一的方式，对应于商业交易书面表格中的每一部分，如所有的采购单及交易记录都记录在数据库中。阶段三，电子资金转移，如银行与其往来企业间资金的自动转账。阶段四，所有的出货需求在经过数据库处里后会自动完成物流配送的要求。

（二）关于 B2C

B2C 概念：企业透过网络销售产品或服务给个人消费者。企业厂商直接将产品或服务推上网络，并提供充足资讯与便利的接口吸引消费者选购，这也是日前一般最常见的作业方式，例如网络购物、证券公司网络下单作业、一般网站的资料查询作业等，都是属于企业直接接触顾客的作业方式。

B2C 运作：阶段一，使用者透过入口网站找寻到特定的目的网站后，会接收来自目的社群网站（或称店家）的商品资料；阶段二，在 B2C 的运作模式中，使用者通常会将个人资料交给店家，而店家会将使用者资料加以储存，以利未来的行销依据，当使用者要在某店家消费时会输入订单资料及付款资料；阶段三，将使用者的电子认证资料、订单资料及付款资料一并送到商店端的交易平台，店家保留订单资讯，其他的送到银行认证；阶段四，收单银行去请求授权，并完成认证；阶段五，完成认证后，店家将资料传送到物流平台，最后完成物流的配送。

（三）关于 C2B

C2B 模式更具革命性，它将商品的主导权和先发权，由厂商身上交给了消费者。传统的经济学概念认为针对一个产品的需求越高，价格就会越高，但由消费者因议题或需要形成的社群，透过社群的集体议价或开发社群需求，只要越多消费者购买同一种商品，购买的效率就越高，价格就越低，这就是 C2B 的主要特征。C2B 模式强调用"汇聚需求"（demandaggregator），取代传统"汇聚供应商"

的购物中心形态，被视为一种接近完美的交易形式。

（四）关于 C2C

C2C 是指消费者与消费者之间的互动交易行为，这种交易方式是多变的。例如消费者可同在某一竞标网站或拍卖网站中，共同在线上出价而由价高者中标。或由消费者自行在网络新闻论坛或 BBS 上张贴布告以出售二手货品，甚至是新品，诸如此类因消费者间的互动而完成的交易，就是 C2C 交易。

目前竞标拍卖已经成为决定稀有物价格最有效率的方法之一，举凡古董、名人物品、稀有邮票等。只要需求面大于供给面的物品，就可以使用拍卖的模式决定最佳市场价格。拍卖会商品的价格因为欲购者的彼此相较而逐渐升高，最后由最想买到商品的买家以最高价买到商品，而卖家则以市场所能接受的最高价格卖掉商品，这就是传统的 C2C 竞标模式。

C2C 竞标网站，竞标物品是多样化而毫无限制，商品提供者可以是邻家的小孩，也可以是顶尖跨国大企业；货品可以是自制的糕饼，也可能是毕加索的真迹。C2C 并不局限于物品与货币的交易，在虚拟网站中，买卖双方可选择以物易物，或以人力资源交换商品。例如一位家庭主妇以准备一桌筵席的服务，换取心理医生一节心灵澄静之旅，这就是参加网络竞标交易的魅力，网站经营者不负责物流，而是协助汇集市场资讯，以及建立信用评等制度。买卖两方同意，自行商量交货和付款方式，每个人都可以创造一笔惊奇的交易。

C2C 运作：阶段一，卖方将欲卖的货品登记在社群服务器上；阶段二，买方通过入口网页服务器得到二手货资料；阶段三，买方通过检查卖方的信用度后，选择欲购买的二手货；阶段四，透过管理交易的平台，分别完成资料记录；阶段五，付款认证；阶段六，付款给卖方；阶段七，透过网站的物流运送机制，将货品送到买方手中。

（五）关于 O2O

O2O 概念：将线下商务的机会与互联网结合在一起，让互联网成为线下交易的前台。这样线下服务就可以用线上来揽客，消费者可以用线上来筛选服务，还有成交可以在线结算，很快达到规模。该模式最重要的特点是：推广效果可查，每笔交易可跟踪。

O2O 运作：阶段一，品牌商家线上发布选址需求、展示项目详情；阶段二，线下导入商家以及项目相关资料进行匹配；阶段三，随后带领有意向合作商家进行线下看铺团，实地踩盘；阶段四，最终达成合作意向。

三、电子商务的特征及功能

（一）电子商务的特征

从电子商务的含义可以将电子商务的特征归结为普遍性、方便性、协调性、商务性、服务性、集成性、可扩展性、安全性。

1. 普遍性

电子商务作为一种新型的交易方式，将生产企业、流通企业以及消费者和政府带入一个网络经济、数字化生存的新天地。

2. 方便性

在电子商务环境中，人们不再受地域的限制，客户能以非常简捷的方式完成过去较为繁杂的商务活动，如通过网络银行能够全天候地存取账户资金、查询信息等，同时使企业对客户的服务质量得以大大提高。

3. 协调性

商务活动本身是一种协调过程，它需要客户与公司内部、生产商、批发商、零售商间的协调，在电子商务环境中，它更要求银行、配送中心、通信部门、技术服务等多个部门的通力协作，电子商务的全过程往往是一气呵成的。

4. 商务性

电子商务最基本的特性为商务性，即提供买卖交易的服务、手段和机会。网上购物提供一种客户所需要的方便途径。因而，电子商务对任何规模的企业而言，都是一种机遇。就商务性而言，电子商务可以扩展市场，增加客户数量；通过将万维网信息连至数据库，企业能记录下每次访问、销售、购买形式和购货动态以及客户对产品的偏爱，企业可以通过统计这些数据来获知客户哪些是最想购买的产品。

5. 服务性

在电子商务环境中，客户不再受地域的限制，像以往那样，忠实地只做某家邻近商店的老主顾，他们也不再仅仅将目光集中在最低价格上。因而，服务质量在某种意义上成为商务活动的关键。技术创新带来新的结果，万维网应用使得企业能自动处理商务过程，并不再像以往那样强调公司内部的分工。现在互联网上许多企业都能为客户提供完整服务，而万维网在这种服务的提高中充当了催化剂的角色。

企业通过将客户服务过程移至万维网上，使客户能以一种比过去简捷的方式完成过去他们较为费事才能获得的服务。如将资金从一个存款户头移至一个支票户头，查看一张信用卡的收支，记录发货请求，乃至搜寻购买稀有产品，这些都可以足不出户而实时完成。

电子商务提供的客户服务具有一个明显的特性：方便。这不仅对客户来说如此，对于企业而言，同样也受益。不妨来看这样一个例子：比利时的塞拉银行，通过电子商务，使得客户能全天候地存取资金账户，快速地浏览诸如押金利率、贷款过程等信息，这使得服务质量大为提高。

6. 集成性

电子商务是一种新兴产物，其中用到了大量新技术，但并不是说新技术的出现就必须导致老设备的死亡。万维网的真实商业价值在于协调新老技术，使用户能更加行之有效地利用他们已有的资源和技术，更加有效地完成他们的任务。

电子商务以计算机网络为主线，对商务活动的各种功能进行了高度的集成，同时也对参加商务活动的商务主体各方进行了高度的集成。高度的集成性使电子商务进一步提高了效率。

电子商务的集成性，还在于事务处理的整体性和统一性，它能规范事务处理的工作流程，将人工操作和电信息处理集成为一个不可分割的整体。这样不仅能提高人力和物力的利用，而且提高了系统运行的严密性。

7. 可扩展性

要使电子商务正常运作，必须确保其可扩展性。互联网上有数以亿计的用户，而传输过程中，时而会出现高峰状况。倘若一家企业原来设计每天可受理

40 万人次访问，而实际却有 80 万人次，就必须尽快配一台扩展的服务器，否则客户访问速度将急剧下降，甚至还会拒绝数千次可能带来丰厚利润的客户的来访。

对于电子商务来说，可扩展的系统才是稳定的系统。如果在出现高峰状况时能及时扩展，就可使得系统阻塞的可能性大为下降。电子商务中，耗时仅 2 分钟的重新启动也可能导致大量客户流失，因而可扩展性极其重要。

8. 安全性

对于客户而言，无论网上的物品如何具有吸引力，如果他们对交易安全性缺乏把握，他们根本就不敢在网上进行买卖。企业和企业之间的交易更是如此。

在电子商务中，安全性是必须考虑的核心问题。欺骗、窃听、病毒和非法入侵都在威胁着电子商务，因此要求网络能提供一种端到端的安全解决方案，包括加密机制、签名机制、分布式安全管理、存取控制、防火墙、安全万维网服务器、防病毒保护等。为了帮助企业创建和实现这些方案，国际上多家公司联合开展了安全电子交易的技术标准和方案研究，并发表了 SET（安全电子交易）和 SSL（安全套接层）等协议标准，使企业能建立一种安全的电子商务环境。随着技术的发展，电子商务的安全性也会相应得以增强，作为电子商务的核心技术。

（二）电子商务的功能

电子商务可提供网上交易和管理等全过程的服务，因此它具有广告宣传、咨询洽谈、网上订购、网上支付、电子账户、服务传递、意见征询、交易管理等各项功能。

1. 广告宣传

电子商务可凭借企业的 Web 服务器和客户的浏览，在互联网上发播各类商业信息。客户可借助网上的检索工具迅速地找到所需商品信息，而商家可利用网上主页和电子邮件在全球范围内作广告宣传。与以往的各类广告相比，网上的广告成本最低廉，而给顾客的信息量却最丰富。

2. 咨询洽谈

电子商务可借助非实时的电子邮件、新闻组和实时的讨论组来了解市场和商品信息、洽谈交易事务，如有进一步的需求，还可用网上的白板会议来交流即时的图形信息。网上的咨询和洽谈能超越人们面对面洽谈的限制、提供多种方便的异地交谈形式。

3. 网上订购

电子商务可借助 Web 中的邮件交互传送实现网上的订购。网上的订购通常都是在产品介绍的页面上提供十分友好的订购提示信息和订购交互格式框。当客户填完订购单后，通常系统会回复确认信息单来保证订购信息的收悉。订购信息也可采用加密的方式使客户和商家的商业信息不会泄露。

4. 网上支付

电子商务要成为一个完整的过程，网上支付是重要的环节之一。客户和商家之间可采用信用卡账号进行支付。在网上直接采用电子支付手段将可省略交易中很多人员的开销。网上支付需要更可靠的信息传输安全性控制以防止欺骗、窃听、冒用等非法行为。

5. 电子账户

网上的支付必须要有电子金融来支持，即银行或信用卡公司及保险公司等金融单位要为金融服务提供网上操作的服务。而电子账户管理是其基本的组成部分。

信用卡号或银行账号都是电子账户的一种标志。而其可信度需配以必要技术措施来保证。如数字证书、数字签名、加密等手段的应用提供了电子账户操作的安全性。

6. 服务传递

对于已付了款的客户应将其订购的货物尽快地传递到他们的手中。而有些货物在本地，有些货物在异地，电子邮件将能在网络中进行物流调配。而最适合在网上直接传递的货物是信息产品，如软件、电子读物、信息服务等，它能直接从电子仓库中将货物发到用户端。

7. 意见征询

电子商务能十分方便地采用网页上的"选择""填空"等格式文件来收集用户对销售服务的反馈意见。这样使企业的市场运营能形成一个封闭回路。客户的反馈意见不仅能提高售后服务的水平，而且使企业获得改进产品、发现市场的商业机会。

8. 交易管理

整个交易的管理将涉及人、财、物多个方面，企业和企业、企业和客户及企业内部等各方面的协调和管理。因此，交易管理是涉及商务活动全过程的管理。

电子商务的发展，将会提供一个良好的交易管理的网络环境及多种多样的应用服务系统。这样，能保障电子商务获得更广泛的应用。

四、电子商务发展对社会经济的影响

电子商务从根本上改变了社会经济，推动了社会发展和经济增长。电子商务尤其是 B2B 业务增长迅速，降低了成本从而提高了经济效率，促进了市场的根本变化，它将带来就业增长，也将造成技能需求结构的变化。电子商务的社会经济影响对政策提出了新要求。

理解电子商务对社会经济的影响涉及四个重要问题。

第一，电子商务从根本上改变了市场。电子商务将改变进行商务活动的方式：传统的中介功能将被取代，新产品和新市场将出现，企业和消费者之间将建立起远比过去密切的新型关系。它将改变工作的组织方式：知识扩散及人们在工作场所中互相合作的新渠道将产生，工作中将需要更强的灵活性和适应性，工人的职责和技能将重新定义。

第二，电子商务具有催化作用。电子商务将使经济中已经出现的变化加快速度，并更加广泛地传播，如管制改革、企业间电子连接（EDI）的建立、经济活动全球化和对高技能工人的需求。类似地，已经出现的许多局部性的趋势由于电子商务的作用，都将加速发展。

第三，电子商务大大提高了经济中各种因素相互影响的程度。这些联系现在延伸到小企业和居民户中并传播到整个世界。接入方式将从个人电脑转移到更普遍的电视机和电话及未来设备上。人们在任何事件、任何地点进行通信联络和商业交易的能力都将日益增强。

第四，开放性是电子商务扩张内在的技术和哲学信条。互联网作为商务平台的普遍使用源自它的非私有的标准和开放的天性，以及经过演变对它形成支持的巨大产业。连接巨大的网络产生的经济力量将有助于新的标准保持开放。更重要的是，开放性是作为一项战略出现的，因为许多非常成功的电子商务企业对它们的内部工作方式、数据库和人员情况，给予商业伙伴和消费者不同的接触机会，造成了消费者地位的变化，他们正日益成为产品设计和创造的伙伴。未来的开放性将建立在消费者/市民这部分人群上，这将使经济和社会发生根本性的变化，其中既有好的，如透明性增强、竞争加剧，也有坏的，如侵犯私人生活的可能性。

第二节　电子商务专业背景与专业建设

一、电子商务专业简介

电子商务专业是融计算机科学、市场营销学、管理学、法学和现代物流于一体的新型交叉学科。培养掌握计算机信息技术、市场营销、国际贸易、管理、法律和现代物流的基本理论及基础知识，具有利用网络开展商务活动的能力和利用计算机信息技术、现代物流方法改善企业管理方法，提高企业管理水平能力的创新型、复合型电子商务高级专门人才。电子商务专业旨在培养具有扎实的经济与管理等方面的基本理论，熟悉信息科学与技术的基本知识和方法，掌握电子商务系统工程的开发、应用与管理的技术和技能，具有创新精神、较强的管理能力和独立分析问题的能力，从事现代商务管理、电子商务开发、应用与管理的高级专门人才。

（一）学科设置及电子商务专业定位

1. 学科设置与学位

（1）本科专业目录与学科门类：我国最新的本科专业目录是教育部于2012年颁布实施。共设12个学科门类：哲学、经济学、法学、教育学、文学、历史学、理学、工学、农学、医学、军事学、管理学，对应12类学士学位。

（2）管理学门类：管理学门类共设 8 个二级类（一般称为一级学科）：

管理科学与工程、工商管理、农业经济管理、公共管理、图书情报与档案管理、物流管理与工程、工业工程、服务业管理。

2. 电子商务专业定位

（1）与电子商务相关的学科门类：管理学、经济学、工学（计算机科学与技术）和法学。

（2）电子商务专业可授予的学位：电子商务是由多个学科门类形成的交叉学科，教育部电子商务本科专业代码为 110801，属管理学门类的服务业管理学科之下。电子商务可授予多种学位：管理学、经济学、工学（计算机科学与技术）和法学。

（二）电子商务专业方向及要求

1. 电子商务专业方向

电子商务专业有六个专业方向：网站设计与程序方向、网络营销编辑方向、网络产品规划方向、企业信息化、个人网络创业及银行卡研发方向。电子商务专业在不同高校里要求的课程也是不一样的，一些院校注重电子商务网络技术、计算机技术，还有一些院校会把课程重点放在商务模式上面，这些主要体现在这个专业所在的院系，有的在管理学院，有的会在信息科学与技术学院，有的会在软件学院。各个院校培养出来的学生的专长也会有一定的差别。

2. 电子商务专业要求

电子商务专业主要课程：计算机网络原理、电子商务概论、网络营销基础与实践、电子商务与国际贸易、电子商务信函写作、电子商务营销写作实务、营销策划、网页配色、网页设计、数据结构、Java 语言、Web 标准与网站重构、Flash Action Script 动画设计、UI 设计、电子商务网站建设、电子商务管理实务、ERP 与客户关系管理、电子商务物流管理、电子商务专业英语、新闻采集、写作和编辑的基本技能。

电子商务专业学生主要学习：①基础知识、经济数学、英语、经济法、经济写作等知识；②商业企业经营与管理理论知识；③计算机基础知识；④电子商务概论；⑤计算机网络与网络营销知识；⑥市场营销知识、网络推广知识；⑦企业战略管理；⑧仓储与物流学；⑨电子商务安全与支付；⑩文案编辑能力。

电子商务专业能力要求：①具有电子商务系统规划和建设的管理能力；②具有电子商务项目的评价能力；③具有电子商务系统运作管理能力；④具有电子商务系统安全管理能力；⑤具有网络营销项目的策划、实施和管理能力；⑥具有运用电子商务系统处理合同交易结算等商务事务的能力；⑦具有专业中文文书写作能力和一般性英语业务资料的处理能力；⑧具有市场营销项目的策划、实施的能力；⑨具有产品销售与公共关系处理的能力。

电子商务专业知识要求：①掌握本专业所需的文化基础知识和专业基础知识；②掌握计算机网络和信息技术基本知识；③掌握市场与网络营销概念、营销策划、营销技术等基本知识；④掌握销售分析、商务谈判、市场调研、网络营销等基本知识；⑤掌握商务运作与管理的基本知识；⑥掌握电子商务法律法规基本知识。

电子商务专业素质要求：①良好的身体素质；②适应本专业工作的心理素质；③良好的团队合作精神、沟通能力以及一定的领导素质。

（三）电子商务专业工作方向

电子商务专业的学生毕业后，可从事银行的后台运作（网络运作）、企事业单位网站的网页设计、网站建设和维护、网络编辑、网站内容的维护和网络营销（含国际贸易）、企业商品和服务的营销策划等专业工作，或从事客户关系管理、电子商务项目管理、电子商务活动的策划与运作、电子商务系统开发与维护工作以及在各级学校从事电子商务教学等工作。专科学生，还可以在呼叫中心从事电话营销、电子商务助理等文职的工作。

电子商务专业就业岗位：①网站运营经理/主管；②网站策划/编辑；③网站推广；④网站开发人员；⑤网站设计；⑥网络营销员；⑦外贸电子商务；⑧电子商务物流。

二、电子商务专业的背景

(一) 电子商务专业发展的行业背景

从网络的出现直到现在，电子商务基本经历了三个阶段。

第一，拼命打基础的阶段。这一阶段以接入网络、企业网站建设为主要内容。很多企业在这一阶段建立了自己的网站。这期间以 Web 开发为主的高级程序员、程序员、交互设计师、网页设计师、策划员、美工等将成为抢手的职业。

第二，疯狂推广阶段。这一阶段的主要内容是对网站进行推广，以使得更多的人能够发现自己的网站增加流量是主要的任务。以网站推广为核心业务的 SEO 专家（搜索引擎优化专家）、邮件列表专家等成为热门的职业。在此期间，出现了大量的网络"骗子"，他们通过各种欺骗手段来获得虚假的访问量，包括使用木马程序等。国内的大中城市出现了很多以此为生的企业和个人，并且为此沾沾自喜。

第三，强化核心竞争力阶段。这一阶段的主要内容是增加网站的黏性，把浏览者留住，让他们转化为客户。这期间，网络编辑、论坛主持人、撰稿人、内容研究员、频道策划等成为热门职业。

在如今的市场经济大环境下，这三个阶段都是并存的。加之，需要新网站源源不断产生，学好电子商务显得尤为重要。

电子商务改变了企业。企业因为电子商务的介入而改变了组织结构和运作方式，提高了生产效率，降低了生产成本，最终提升了集约化管理程度，从而得以实现高效经营。电子商务也改变了世界。电子商务已经成为全球一体化生产和组织方式的重要工具，在掌握资源配置主动权、提升国家竞争力过程中日益发挥着重要的作用。

随着电子商务的蓬勃发展，我国对既懂计算机又懂商务的复合型人才产生了巨大的需求。国内电子商务的飞速发展，越来越多的外贸企业开始利用电子商务平台拓展海外市场。但是电子商务人才远远无法满足企业日益增长的电子商务外贸人才的需求。不少企业在投入资金开展电子商务的同时，却发现外贸人员自身对电子商务平台的操作能力欠缺，不能有效发挥该平台的作用，这在很大程度上阻碍了企业发展的脚步。电子商务人才的普遍匮乏已成为阻碍企业电子商务应用和发展的重要因素。

（二）我国电子商务发展的趋势分析

第一，行业的细分和专业化成为发展趋势。由于市场规模和完全竞争两大因素，电子商务应用中的个性化特征日益突出，专业化水平与市场规模成正比。小规模市场中因为规模不经济导致可能出现不成交交易，基于零碎数量的市场会导致大量个性化产品和服务涌现，一方面极大地提高专业化分工水平，促进商务模式创新；另一方面更充分地满足不断增长的个性化需求。同时，近乎完全竞争的网络市场迫使越来越多的企业和个人摆脱同质化产品和服务的价格竞争，采用产品、服务、客户或商务模式的差异化战略，也加剧了电子商务应用的个性化。

第二，电子商务服务业快速发展，成为战略性新兴产业。电子商务活动中为电子商务提供建站、营销推广、流量转化、支付、物流服务及售后服务等均是为电子商务交易服务的流程，包含很多专业人士大量的服务行为，这些流程衍生的行业均可称为电子商务服务业，是电子商务顺利完成的基础行业。电子商务服务业是以电子商务平台为核心，以支撑服务为基础，整合多种衍生服务的生态体系。

第三，电子商务作用更加突出，与经济社会和传统产业进一步融合，电子商务的生态特征和生态关系更加突出。随着越来越多的企业在采购、销售、营销、财务和人力资源管理等环节广泛应用电子商务，电子商务将向企业内部的深层次延伸，与企业内部价值链深度整合。电子商务与传统产业的融合将进一步深化。电子商务将广泛深入地渗透到生产、流通和消费等各个领域，改变企业的经营管理模式和生产组织形态，提升传统产业的资源配置效率、运营管理水平和整体创新能力。电子商务也将与搜索引擎、虚拟社区、网络游戏和移动通信等进一步融合。

第四，与电子商务相关的技术创新和商业模式创新步伐将进一步加快。新兴技术的广泛渗透与消费结构加速升级相结合，云计算、物联网等新兴技术将极大地推动电子商务技术创新和商业模式创新。作为未来电子商务服务业基础的云计算，将为电子商务服务商提供强大的技术支持，解决计算能力、存储空间和带宽资源等瓶颈问题，帮助电子商务服务商提升面对大规模用户的服务能力，对于摆脱西方巨头垄断、支持信息经济、现代服务业和小企业发展的意义重大。电子商务服务商有望借助云计算帮助中小企业实现按需计算和按需服务，进一步降低中小企业应用电子商务服务的门槛。物联网将有助于提升电子商务活动中信息获取、储存、处理和传递的效率及智能化水平，将在信息、支付和物流等领域给电子商务带来前所未有的变化，进一步推动电子商务应用创新和服务模式创新。

三、我国电子商务专业建设

（一）电子商务专业建设的原则

1. 前瞻性原则

电子商务是一种全新的商务形式，其发展并没有固定的模式。基于电子商务的这种特性，电子商务专业建设必须坚持前瞻性的原则。即在专业建设的过程中，要预测未来社会经济发展所带来的人才结构变化，依据预测后的需求对于专业建设思路作超前设计。在具体实践中，电子商务的人才培养需要找准位置，明确方向。这是适应社会要求、培养好人才的关键。无论是哪一层次的教学单位，都必须认真分析当前形势，与人才市场需求接轨。由于人才培养呈现明显的周期性，且周期较长，客观上要求我们在确定专业培养目标和方向时必须针对可预见的将来，使学生能适应科学技术飞速发展的要求。因而电子商务专业的培养目标要不断针对和预测科技前沿动态和国际国内贸易方式和理念的变化，从而准确定位专业的培养目标和方向。

2. 交叉性原则

电子商务专业既不能归并于计算机应用专业，又不能与传统的市场营销或经济贸易专业直接融合，而是一个交叉性的专业。这种交叉性既强调计算机和网络通信技术知识，又强调商务管理知识；既强调理论知识，又强调实践技能。从而使得在电子商务专业建设中，专业规划、专业师资、专业课程、专业教学四个方面都必须满足这种要求。

3. 创新性原则

多年来，关于电子商务怎么发展，什么样的模式才是好的模式，始终处于不断的争论和尝试之中。电子商务的历史就是各种模式不断尝试、失败、转型和成功的历史。正如马云所说，几乎没有一家成功的互联网企业是按照当初的商业计划书做出来的。电子商务本身就不是学习现成的理论，然后再运用。要认识到电子商务是一个新生事物，其模式一直处于探索中，创新是电子商务发展的动力，是对电子商务人才的基本要求。电子商务专业是一个新兴专业，没有可以借鉴的模式，创新是保持专业能紧跟时代脉搏，培养创新意识人才的关键。电子商务专业的创新可以从人才培养模式、教学内容、教学方法、实训内容和组织上创新。

4. 特色性原则

电子商务涵盖内容广泛，空而大一直是电子商务专业建设的通病，要培养有竞争力的电子商务人才就不能片面追求全面，而应该追求特色。

突出电子商务专业的特色，与其他专业拉开明显差异，增强专业竞争力，减少专业可替代性，即增加电子商务独特的理论和技能型课程，少开或不开设其他专业雷同的课程，鼓励学生在需要的情况下选学其他专业的相关课程，充分利用现有的资源，增强差异性，以便学生在就业市场上有更大的竞争力。在教学过程中提倡互动式交流，突出学生的动手能力和创新能力。同时，鼓励学生积极参与社会有关的实践活动，在接触社会的过程中提升自己的能力，明确专业方向，加强学习的主动性、积极性和创造性。结合医药类院校师资力量的特点，在强调计算机应用开发及商务实践能力的同时，也要强调医药类学校特色，突出医药类电子商务人才优势定位。在这样的结构下培养具有独特电子商务特征的复合型人才，使得学生既有比较扎实的计算机基础和电子商务专业基础，又有比较宽广的知识结构，以便适应社会的多种要求。

5. 实践性原则

电子商务是一门操作性和实践性极强的应用性学科，电子商务实训是培养电子商务人才的重头戏，需要配备相应的教学设施。究其原因：一是电子商务的基础手段是计算机技术和网络通信技术，技术的熟练在于强化训练。二是技术的本质是应用。强调实践操作是电子商务的重要一环。经过这样教育和培训的学生，才是掌握最先进技术的人才，这样给企业创造的效益才会最多。但目前在国际与国内或大范围通用的电子商务软件较少，所以在教学中教师还需在软件选择与开发方面付出更多的努力，以适应电子商务教学的需要，满足学生上网实际操作、提高操作能力的要求。在电子商务实践教学中要求做到：第一，充分利用学校计算机设备先进、功能齐全的优势，让学生多上网；第二，要加强实验实习设施的建设，使学生直接借助计算机网络和相关软件进行实务训练，熟练操作企业业务流程；第三，与相关企业联合，让学生直接进入企业实习，深入企业实践锻炼。

（二）电子商务专业的定位及目标

电子商务专业培养什么样的人才？考虑到电子商务专业背景学科的交叉融合性和专业知识技能的复合创新性，以及就业市场的广阔多样性和开设本专业的不同高校的类比优势性，对电子商务本科专业应该采取一个专业多个方向的方式来满足不同类型高校的培养需要。

目前我国电子商务本科专业可以归纳为两大基本方向：电子商务经管类方向和电子商务工程类方向。它们各自在经济管理知识与技能体系和信息技术知识与技能体系方面有所侧重。以下是电子商务本科专业的培养目标和两个基本方向的差异化专业方向培养目标。

电子商务本科专业经管类方向的培养目标是：在电子商务本科专业目标的基础上侧重掌握现代经济科学、管理科学的基本原理与商务活动的知识与技能，较好地掌握网络化计算机技术和信息化商务技术的基本技能和方法，能够较好地利用电子信息技术从事商业、贸易和营销管理等的实践或研究、教学等工作的复合型、专门化人才。

电子商务本科专业工程类方向的培养目标是：在电子商务本科专业目标的基础上侧重掌握计算机科学、网络通信和信息处理技术等的基本理论和实践技能，较好地掌握现代经济与管理的知识与方法，能熟练地运用电子网络和信息技术，从事电子商务系统的规划、分析、设计、开发、管理和评价等工作的复合型、专门化人才。

（三）电子商务专业的发展方向

中国电子商务专业人才培养在专业设置方面与美国基本相同，但在培养层次、课程设置、师资力量和教学模式等方面与美国还有很大差距，因此中国电子商务人才培养要想取得长足的发展，必须借鉴和学习美国开展电子商务教育的成功经验。具体来说，有如下三条建议。

1. 以市场为导向

人才的培养是为了迎合社会的需求，市场对人才的要求对人才培养起着决定性的作用。目前社会对电子商务人才的需求主要来自五种机构、三种类型。五种机构分别是专业电子商务公司、IT网络公司、企业的信息服务部门、咨询服务公司和专业网络营销服务公司；人才类型主要集中在技术类、商务类和综合管理类。

此外，电子商务人才的需求特点和地域存在关联，随信息化的进程发展进行动态变化。院校应该积极开展市场调研，与时俱进，充分了解社会和企业对人才的要求，及时调整和优化人才培养方案，以适应社会需求的变化。特别要掌握就业所辐射区域内的人才需求情况，针对该区域企业的人才需求特点，侧重某种技能的培养，使学生更具竞争优势。

针对中国高校电子商务专业师资力量薄弱的情况，各高校应加强师资培养，不断提高教师的理论与实践操作水平。有条件的高校可以派教师到国外高校进修学习，学习国外最前沿的理论动态和先进的实践经验。同时，可以请企业界的电子商务专家兼任该学科某门课程的教师，这些处在电子商务实践第一线的专家具有丰富的商务经验和最新的技术，掌握着电子商务最前沿的信息。这样，既保证学生所学的知识不会落后于时代发展，也保证了学生毕业后不会感到自己的知识与实际工作需要脱节。

2. 改进教学模式

一方面，电子商务是一门新兴学科，不可能在短时间内建立一套成熟完善的理论体系来指导教学。因此，无论哪种层次的培养都应该打破封闭式教学，实行开放式的校企结合的教学与实践模式。另一方面，目前大部分企业还处于电子商务的探索期和尝试期，对于电子商务的理论和方法的掌握都不够成熟，亟须专业方面的相关指导和大量的专业人才。因此，高校应该抓住机会，联合企业，一方面在企业的实际应用中挖掘研究课题，为企业排忧解难，使知识转化成产能；另一方面利用企业资源创建实习基地，为学生创造更多的实践机会，让学生在实践中发现问题、解决问题，提高学生的应用能力和创新能力。而上级部门也应该为高校和企业的联姻牵线搭桥，疏通渠道，提供资金和政策的扶持，促进高校的电子商务专业形成产、学、研结合，资源有效共享的良好局面。

3. 纳入非学历认证教育

目前社会上有很多电子商务非学历认证教育，其目的是进一步规范电子商务从业人员的职业行为，提升从业能力。与高校教育相比，非学历认证教育更具实用性和针对性，而企业在择人的时候也比较重视这些证书。典型的认证考试有国家劳动与社会保障部推行的"电子商务师"系列认证、计算机技术与软件专业技术资格（水平）考试下设的电子商务系列专业技术资格考试、阿里巴巴旗下阿里学院推出的阿里巴巴电子商务系列认证、IBM 电子商务解决方案设计师认证等。院校可以根据自身的层次和方向，选择性地将这些认证考试纳入培养计划，采取选修的形式或者 1+X（学历证+职业资格认证）的形式，对学生开展培训或鼓励学生自主参加培训，进行职业定向，提高职业技能。

（四）电子商务专业建设的保障措施

第一，大力推进教学改革。电子商务专业的高等教育是一种新兴事业，能否被用人单位接纳、被社会广泛认同，关键在于高校教育所培养的毕业生能否适应新经济的发展，能否胜任实际的工作岗位。而教学质量是根本，教学改革是关键，我们应积极探索高等教育特点的教育质量观与教育质量体系，形成高等人才培养的有效途径。鼓励教师结合学科发展趋势，开设新课、整合现有课程体系，加强教学方法、教学手段的改革。

第二，加强师资队伍建设。鼓励教师参加校内外专业进修，提升学历层次，鼓励教师考取资格证书，实现师资队伍的博士化；鼓励教师参加高水平学术会议；鼓励教师到企业挂职锻炼、实习；在培养现有教师的基础上，逐年引进有专业背景或行业背景的教师，充实专业教育队伍；强化教师业务考核。

第三，积极开展科研活动、学术活动，营造学术气氛。鼓励教师申报各类课题；每年邀请电子商务行业或从事电子商务研究的专家、学者举办讲座、研讨会。

第四，加强专业实验室和专业资料室建设和管理工作。在现有电子商务实验室设备和环境的基础上，逐步完善实验室的软件、硬件，通过购买、合作开发、自行开发等方式，逐步完成电子商务、客户关系管理、网络支付、物流模拟等实验软件项目；在最短时间内建设网络实验室；加强实验室设备的教学管理与日常管理，提高设备的利用率和开出率；购买电子商务、物流、网站建设、网络技术等方面的专业资料，加快建设电子阅览室。

第五，修订教学计划。电子商务是一个新兴专业，同时也是一个不断发展的专业，根据专业的最新发展，适时调整教学计划。

第六，鼓励与支持我院学生积极参与社会实践活动。建立第二课堂，培养我院学生学习电子商务的积极性，指导学生组织参与学术活动；指导学生开展电子商务实践活动。

第七，探索产学课题，与相关企业建立良好的合作关系。充分发挥全系教师的积极能动性，加快建立校内模拟实训基地，强化校企合作的力度。

第三节 电子商务专业就业方向及前景

一、电子商务专业就业岗位群细分

一般来说，电子商务人才分为技术型人才、商务型人才和综合管理型人才。根据调查，本书对就业岗位进行了细分，并对不同岗位做简要介绍。

(一) 技术类人才岗位方向细分

1. 电子商务平台设计

主要从事电子商务平台规划、网络编程、电子商务平台安全设计等工作。

代表性岗位：网站策划/编辑。

一般要求：熟悉网站策划、实施、运营、宣传等业务流程；熟悉电子商务运营与操作流程，能够洞悉电子商务的发展方向；对企业上网有比较深的理解，熟悉企业网站的功能要求；有较强的中文功底和文字处理能力，具有一定的网站栏目策划、运营管理知识；具有较强的选题、策划、采编能力、归纳能力；熟悉电脑操作，掌握基本网络知识。

2. 电子商务网站设计

主要从事电子商务网页设计、数据库建设、程序设计、站点管理与技术维护等工作。

代表性岗位：网站设计。

一般要求：能熟练应用 Flash、Dreamweaver、Photoshop、CSS＋Div、XML＋XSL（不包括程序）等编辑网页；精通平面设计，熟悉 FrontPage、DreamWeaver、Flash 等网页制作工具，能够承担大型商业网站制作；对网站建设，VI 的设计及应用有一定的经验，具有沟通、合作精神，有创造力；熟悉 JavaScript，能够了解 JSP 或 Servlet 或 PHP，能够独立完成动态网页；掌握 HTML、JavaScript，了解网站程序实现原理，有与程序员配合的经验。

代表性岗位：网站开发。

一般要求：负责网站 Web 页面的开发与后台的技术支持；能够满足运作层对技术层的需要；精通 ASP/PHP/CGI3 种开发工具的一种，能够独立开发后台；精通 SQLServer、Acces，能够独立完成数据库的开发。能读懂常用 JSP 代码，并且能够编写基本的 JSP 程序；精通 HTML 语言，能手写 HTML 代码；熟练掌握 ASP、Net、Java、JavaScript、SQLServer 等技术；熟练掌握 Windows、Linux/Unix 其中一种操作系统；熟练掌握 SQLServer，熟悉 Oracle 数据库管理系统；熟悉网站的管理、设计规划、前台制作、后台程序制作与数据库管理流程与技术。

这个要求是汇总了多家企业的岗位描述，应聘者不一定要具备所有的技术技能，这些技术能力是包含在几个技术体系里的。

3. 电子商务平台美术设计

主要从事平台颜色处理、文字处理、图像处理、视频处理等工作。

代表性岗位：网站美工。

一般要求：熟悉 Photoshop、Coreldraw 等图形设计、制作软件，熟悉 HTML、ASP 语言，具备一定的视觉传达设计功底，擅长广告创意、设计在网络广告、传统媒体广告上的应用。

（二）商务类人才岗位方向细分

1. 企业网络营销业务

主要是利用网站为企业开拓网上业务、网络品牌管理、客户服务等工作。

代表性岗位：网络营销人员。

一般要求：网络营销就是以国际互联网络为基础，利用数字化的信息和网络媒体的交互性来辅助营销目标实现的一种新型的市场营销方式。简单地说，网络营销就是以互联网为主要手段进行的，为达到一定营销目的的营销活动。

电子商务已经得到了中国相当部分企业的认可，尤其是占中国企业总数99%的中小企业，由于中小企业生存发展的需要，他们急需通过网络这种效率高、成本低的手段，因此他们对网络营销具有较大的依赖性，存在网络营销人才的需求缺口，已形成明确的网络营销岗位职责。网络营销专员能够有效地利用B2B平台、搜索引擎、企业网站、博客、论坛等帮助企业实施营销活动。

高级网络营销专员能够进行网络营销效果分析、网络营销方案设计和实施。

2. 网上国际贸易

利用网络平台开发国际市场，进行国际贸易。

代表性岗位：外贸电子商务。

一般要求：负责维护并回复ECVV等电子商务平台的外贸客户询盘；参加广交会、义博会、德国科隆博览会等专业性展会。

这是一个典型的行业网络营销岗位。可以预见，随着电子商务应用的深入，网络营销会普及到所有行业，势必会出现农产品网络营销、家电网络营销、服装网络营销等岗位。伴随着这种细分，从业者对本行业应用的深入研究和独到见解一定会成为基本要求。

3. 新型网络服务商的内容服务

频道规划、信息管理、频道推广、客户管理等。

代表性岗位：网站运营经理/主管。

一般要求：熟悉网络营销常用方法，具有电子商务全程运营管理的经验；能够制订网站短、中、长期发展计划、执行与监督；能够完成整体网站及频道的运营、市场推广、广告与增值产品的经营与销售；能够完成网站运营团队的建设和管理，实现网站的战略目标、流量提升与盈利。

4. 电子商务支持系统的推广

负责销售电子商务系统和提供电子商务支持服务、客户管理等。

代表性岗位：网站推广。

一般要求：负责网站内容/网站网页设计/网站企划/网站营销企划；网站社群相关服务，内容规划及经营；会员维护及管理工作；文笔好，能够独立作市场宣传策划及文案的撰写；能够熟练运用各种宣传媒介进行宣传推广工作。

5. 电子商务创业

借助电子商务这个平台，利用虚拟市场提供产品和服务，又可以直接为虚拟市场提供服务。

(三) 综合管理人才岗位方向细分

1. 电子商务平台综合管理

这类人才要求既对计算机、网络和社会经济都有深刻的认识，又具备项目管理能力。

代表性岗位：电子商务项目经理。

2. 企业电子商务综合管理

主要从事企业电子商务整体规划、建设、运营和管理等工作。

代表性岗位：电子商务部门经理。

通过以上显示，电子商务行业对人才的综合性提出了很高的要求。比如说技术型人才，它包含了程序设计、网络技术、网站设计、美术设计、安全、系统规划等知识，又要求了解商务流程，顾客心理和客户服务等。技术型人才要求有扎实的计算机根底，但考虑到最终设计的系统是为解决企业的管理和业务服务，又需要分析企业的客户需求，所以该类人才还应该对企业的流程，管理需求以及消费者心理有一定了解，而这将成为电子商务人才的特色所在。商务型人才在传统商业活动中都有雏形，不同之处在于他们是网络虚拟市场的使用者和服务者，一方面要求他们是管理和营销的高手，同时也熟悉网络虚拟市场下新的经济规律；

另一方面也要求他们必须掌握网络和电子商务平台的基本操作。综合管理人才则难以直接从学校培养，而是市场磨炼的产物。

二、电子商务新型就业岗位

电子商务为经济增长注入新活力，带来新的就业机会。电子商务人才属于复合型人才，需要具备技术、经济、贸易、管理等相关知识。一个优秀的电商人才需要经过长期的培养和接受市场的实战演练，才能对提升企业的核心竞争力起到至关重要的作用。在新商业模式不断创新与演变的过程中，对电子商务人才也提出了新的定义，要求电商人才是要具备传统企业人才的特质和互联网电商人才特质的综合体，这才是我们对电商人才新的需求和定义。

大量电子商务平台及网站的出现，提供了各种基于网络的创业及就业机会。因为门槛相对较低，电子商务已成为创业和就业的新渠道，这给普通人尤其处于社会底层及弱势群体的人提供了更多的就业渠道和选择。从这个角度上看，电子商务创造的就业渠道和机会在缓解社会就业压力、服务弱势群体、提高居民收入、促进社会公平和安定方面也起到了一定作用。

电子商务的快速发展离不开物流、认证、支付等支撑服务的支持，电子商务的繁荣带动了营销、运营、仓储、培训等衍生服务和相关服务领域的发展。电子商务的繁荣间接给这些行业，尤其是物流行业，带来大量的就业机会，并催生出了网店卖家、网店装修师、"网模"、快递员等职业的产生。

电子商务及其相关配套的产业链逐渐成熟，滋生了如网店运营、网络推广、移动电子商务终端 App 开发等电子商务的相关职业，给 IT 行业提供了大量职位。一些传统的零售企业也纷纷进军电商领域，但其人才的培养速度跟不上行业发展的速度，导致人才缺口迅速扩大，同时衍生出了许许多多新的职业岗位。

网店客服：随着淘宝网店的规模逐渐增大，许多店主凭单打独斗已经无法应对每天的交易。网店客服成为一个新的职业。在淘宝上，分工专业化经营的网店一般都会聘请 2~4 名网店客服，更有规模大的网店客服队伍已经接近百人。

淘女郎：淘女郎呈现多元化发展，依托淘女郎平台发展起来的脸模、眼模、腿模、手模、嘴模、腰模、脚模、胸模、耳模、臀模十种新类型，受到了珠宝、化妆品商家的青睐。淘女郎正在往一条更加专业、时尚的方向发展。

淘宝客：淘宝客是指帮助卖家推广商品获取佣金赚钱的人。只要获取淘宝商品的推广链接，让买家通过您的推广链接进入淘宝店铺购买商品并确认付款，就能赚取由卖家支付的佣金。它的推广形式包括推广单件、推广类目、页面推广、推广店铺、搜索推广、软文推广、智能推广等。

电商培训师：传统企业急需找到路径进入电商领域，而网商卖家又急需发展壮大，瞬间让电商培训成为电商热后的又一快速增长的新领域。

网店装修师：做装修，不用刷油漆、不用贴瓷砖，只需要点点鼠标，不到一天的时间一个漂亮的店面就能装修好。作为新兴职业，网店装修师职业如今的发展已颇具规模。目前这一职业已经成为不少大学生就业的热门，而这也源于目前不少年轻人热衷开设网店进行自主创业的市场需求。

网络零售人才：随着零售行业的需求强势增长。目前，零售行业的主要职位包括店员/营业员/导购员、采购专员/助理、店长/卖场经理、促销专员/导购、收银员和理货员/陈列员、防损员/内保等。因为要经营管理超市卖场的整体运作，策划、调动及控制卖场的人力资源，要求综合素质比较高，招聘比较难。

奢侈品导购员：电子商务的蓬勃发展吸引着各层次的商品争相"触网"，网购的商品渐由小额向大宗、大金额化趋势发展，就连让人望而却步的国际奢侈品大牌也纷纷抢滩庞大的网购市场。LV、Armani、Chanel、Cartier、Ferrari 等众多国际"大牌"纷纷"触网"、布局网络零售。奢侈品导购员成为当下时尚且居高薪的热门就业岗位。

三、电子商务专业就业前景

以下将从电子商务专业学生职业方向和就业层次两个纬度进行描述。

（一）职业方向

1. 电子商务服务企业

包括硬件（研发、生产、销售、集成）、软件（研发、销售、实施）、咨询等。随着电子商务应用的普及，相关的硬件、软件开发和销售对专业人员的需求是确定的，不过这种需求可能是显性的，也可能是隐性的。显性情况下，用人单位会明确招聘懂得电子商务的专业人才；隐性情况下，用人单位人力资源部面对市场客户的电子商务需求并不一定明确知道招聘到电子商务专业背景的人才正好适用，而只能让计算机等相关学科背景的人勉强应付，或要求其补充学习电子商务知识。咨询行业因为其"与生俱来"的专业广度和深度，需求一般都比较明确。

2. 电子商务企业

对这样的企业来说，无论是纯粹专业的电子商务企业还是和其他主业结合开辟的全新的运营模式（如西单商场），对电子商务专业人才的需求都是最对口的。

3. 传统企业

对于传统企业来讲，电子商务意味着新增的运营工具。运行新增的运营工具的人，无非是从使用老运营工具的员工中培养和招聘专业人才。当然培养原来的老员工的工作恐怕还是得内行的专业来进行。

4. 传统行业

对传统行业来讲，电子商务就是新的业务手段。无论贸易、物流、加工行业还是农业等到处都会用到电子商务。把传统行业专门提出来讲，目的就在于，如果有志于某一行业，就应该深入了解这个行业的发展状况、发展趋势、新技术、新产品。从专业角度判断这个行业的电子商务发展水平和发展潜力。当然，要能独立做出这些判断专业知识和实践能力必须达到一定的高度才行。

（二）就业层次

从实务层、实施层到策划层、决策层是一个从简单到复杂的过程。可以看出来，人才数量越往上越少。

实务层是指一个电子商务项目运营中的实务操作层次。

实施层是指电子商务项目的实施过程，在这个层次中，具备项目实施能力是主要要求。需要明确的是，并不是项目由一个人来全部完成。而是指，能够参与甚至领导项目的某一项工作，比如流程策划、界面设计、内容架构。

策划层、决策层，是指能够根据环境和企业的具体条件策划其电子商务规划，并能辅助论证、决策重大项目问题。比如采用何种支付方式、何种配送方式。

近年来，随着全球电子商务高速增长，我国电子商务也急剧发展，使得电子商务人才严重短缺。从社会调查实践来看，绝大多数企业（多为中小企业）已陆续步入电子商务行列，采用传统经济与网络经济结合的方式生产经营。根据这个现象，可以知道中小企业步入电子商务行列急需电子商务人才，所以电子商务就业前景是有希望的，国家政策正在大力支持电子商务的发展，商务部已经对电子商务专业人才给予极大重视。

四、就业岗位对电子商务专业学生的能力要求

根据社会所需人才来确定电子商务专业学生所具备的能力，对本专业的学生来说，是就好业的一切前提，那么就必须知道电子商务专业到底须具备哪些能力和知识，在电子商务人才类型及岗位分析的基础上，可以从以下四个层次来分析电子商务岗位所必须具备的能力要求。

第一层，电子商务建立在网络硬件层的基础上。在这一层次需要了解一般计算机、服务器、交换器、路由器及其他网络设备的功能，知道有关企业网络产品的性能。

第二层，电子商务实施的软件平台。在这一层次涉及服务器端操作系统，数据库、安全、电子商务系统的选择，安装、调试和维护。

第三层，电子商务应用层。在这一层次，涉及商业逻辑，网站产品的设计、开发，或网络应用程序的开发。

第四层，电子商务运营管理层。在这一层次，涉及各类商务支持人员，如客户服务，市场、贸易、物流和销售等诸多方面。

从上面电子商务实施的层次性，我们对电子商务专业到底应具备哪些能力，应该有所了解，学生不能仅满足于学校及培训机构开设这方面的课程，在确定好自己就业方向后，更应该通过自身努力去学习和实践以上知识与技能。

第四节　电子商务专业人才培养的社会需求

一、社会对电子商务人才的能力要求

随着人们对电子商务运用的增加，认识到电子商务不仅仅是指网上购物，也

不仅仅是企业建个网站、做个网页就完了，电子商务包含的内容非常广泛，如ERP、SCM等。可以说在全球或内部网络的环境下，在整个世界的范围内进行并完成的各种商务活动都可以称为电子商务活动。电子商务人才需求的增加不仅体现在数量方面，例如各行业、各机构都可能有要开展电子商务的要求，因而不少企业现在迫切需要有一大批的技术人员来进行管理。此外，对电子商务人才的需求，还体现在对相关人才在能力、知识结构等方面的要求，因为发展电子商务需要既懂经济、管理理论，又掌握现代信息技术理论、工具的复合型人才。这样的高素质人才根本不足，因而变得更加紧俏。许多公司和商家由于缺乏足够的专业人才来处理电子商务所遇到的各种问题，开始急于招聘电子商务人才。但是发现可供企业选择的范围并不大，或者企业选择的人才并不理想。公司现有的电子商务人才很多都是从相关各专业如管理学科、经济学科或以计算机和网络为主要范畴的信息学科转行而来的。仅仅具有网络和电脑的技术性知识或仅仅具有经济管理方面的知识远远不够，必须既有企业管理策划的理论与经验又具有相应网络技术的人才，才能满足企业电子商务的需要。

所有企业对管理类的学生都提出了一些共同的要求：沟通能力、公关能力、协调能力、创新能力等。这些方面的培养，在我们的教学中体现不多。很多同学学习成绩一般，可是凭借这些方面的天赋赢得企业的青睐。企业建议学校在培养学生学习专业知识的过程中，应加大对学生职业道德的培养，以及团队精神、吃苦耐劳精神的培养。这些对于一个大学生来说都是社会基本要求。理论要与实践紧密结合，多搞一些校企合作，多去企业参观实习，这样不仅可以提高教学效果同时还可以使学生尽早了解社会、了解自己的职业，将来能够更快地适应工作岗位。

电子商务专业具有广阔的发展前景，社会需要各个层次的电子商务人才，需要专业性突出、行业工作能力强的人才。电子商务可以应用于各行各业，其特点是专业覆盖面宽，这也极易造成专业性不突出，学生就业优势不强的缺陷。社会需要大量的电子商务人才，这是无可非议的。关键是我们要认识社会需要什么类型的电子商务人才，我们如何去培养这些类型的人才。我们必须要修订教学计划，使其更具科学性的同时，更具有专业性，更加符合社会需求，同时加强实践性教学环节，加强实验室建设和实习基地建设。使培养出的学生更具有专业特点和市场竞争优势。

二、电子商务应用型人才的知识结构要求

我国的电子商务发展为电子商务人才培养提供大量市场需求，而电子商务教育却不能满足市场发展的需求，供需矛盾突出、人才短缺已成为我国发展电子商务面对的紧迫问题。应用型人才的知识结构及课程的设置要符合三个原则。

第一，电子商务应用型人才的数量和层次要与市场的需求适应。这要求电子商务教育中人才培养的数量和层次要根据企业实际岗位的数量和要求来设置。由此产生对电子商务教育的两个要求：在宏观层次，要求了解我国企业的电子商务整体需求的数量和层次，各教学单位根据自身条件产生自己的市场定位；在微观层次，在课程设置时需要调研一些典型的电子商务企业，从其职位需求和职位的能力与知识出发来设置课程与培养方向。

第二，电子商务应用型人才的培养单位要有明确的市场定位。目前我国电子商务教育的一大缺陷是，没有明确的市场定位，于是没有明确的教学目标。人才培养单位的市场定位来源于我国电子商务市场需求的数量和总量。然后，再根据本教学单位的自身条件来制订。

第三，电子商务应用型人才的培养要符合电子商务实际运营的需要。要从深刻理解电子商务的本质及运作规律出发，充分反映电子商务教育的基本内容，组成信息流、物流、商流、资金流等知识模块系列，构建电子商务教育的主体知识结构。

三、不同视角下电子商务专业人才的知识能力结构要求

以上几个原则产生了电子商务人才需求层次的两个主要视角。一是电子商务发展阶段的视角，在电子商务发展的不同阶段实际上就是与电子商务的信息流、商流、资金流、物流在商务中的不断深入发展相对应的。电子商务应用人才的培养要分析市场发展的不同阶段，在某一特定的发展阶段，其教学的内容要有所侧重。二是企业职位需求的视角，企业对电子商务的人才有不同的需求，要根据企业的高、中、基层所需的知识和能力来培养人才。以上两个视角与本教育部门的自身条件一起决定本教学组织的市场定位。

（一）电子商务发展阶段的视角

大中型企业大部分实现初级电子商务，部分大型骨干企业实现中级电子商务，小部分企业培养成高级电子商务示范企业。大部分中小企业推广单项信息技术，部分中小型骨干企业分期实现初级电子商务，建立若干个中级电子商务示范企业。

一般概念认为，电子商务是指通过信息网络以电子数据信息流通的方式在全世界范围内进行并完成各种商务活动、交易活动、金融活动和相关的综合服务。因此，电子商务涉及信息流、商流、资金流、物流。四流在商业中应用的深度和广度决定了电子商务发展的不同层次：①信息流是指商品信息的提供、促销行销、技术支持、售后服务等内容；②商流是指商品在购、销之间进行交易和商品所有权转移的运动过程；③资金流是指资金的转移过程，包括付款、转账等过程；④物流是指物质实体的转移过程，包括运输、储存、配送、装卸、保管、物流信息管理等各种活动。以上电子商务流程是一笔交易所包含的环节，也是电子商务教育的主要内容。

根据电子商务应用水平及商务与电子的融合程度可分三个层次：①初级电子商务，主要指实现信息流的网络化，即进行网上发布产品信息，网上签约洽谈，网上营销，网上收集客户信息，实现网络营销等非支付型电子商务。实现初级经营服务信息化。②中级电子商务，主要指实现信息流与资金流的网络化。即实现网上交易、网上支付，实现支付型电子商务，以供应链管理与客户管理为基础，实现中级经营服务信息化。③高级电子商务，指开展协同电子商务，全面实现信息流、资金流、物流的网络化。实现支付型电子商务与现代物流，网上订货与企业内部 ERP 结合，及时精良生产，实现零库存。从产品的设计研发、生产制造、产品交货、物流配送、财务处理、甚至是最后的成效评估等，都通过电子集市使交易各方能够同步作业。

在电子商务的不同发展阶段对人才所需知识的侧重点是不同的，电子商务应用水平及商务与电子的融合程度的三个层次中，初级应用水平对信息流有所偏重，越到应用的高水平对人才的知识结构的需求越全面。各教学单位可以根据自身的教学条件对学生的知识有所侧重。

（二） 企业职位需求的视角

要推动整个企业电子商务的发展，人才的需求是全方位多层次的，可以将国内学习电子商务的人员大致划分为以下几类，这三个层次的人才形成一个互补的知识和技能体系。

电子商务企业的决策者和各级领导。在教育的知识体系中要求他们熟悉企业战略、经营管理、成本效益分析等管理知识，也需要迅速了解电子商务涉及的最新技术。

电子商务中层人员。他们是电子商务的积极推动者，在教育的知识体系中要求他们既要对计算机技术比较了解，又要积极地充实商业与经济管理方面的知识。

电子商务的初级管理人员。他们是电子商务交易的具体管理人员，在教学中只要求能熟练地掌握商务操作，同时对贸易知识有所了解即可。

第三章 电子商务专业校企合作人才培养的要求

第一节 电子商务专业人才培养的目标定位

一、电子商务专业人才培养的目标体系构建

在电子商务行业蓬勃发展的背景下，构建科学、系统的电子商务专业人才培养目标体系显得尤为重要。这一体系不仅关系到学生的个人成长与职业发展，更直接关系到电子商务行业的未来走向和国家的经济发展。

（一）总体目标的确定

电子商务专业人才培养的总体目标，是培养出具备创新能力和实践精神的电子商务人才，实现人才与企业的无缝对接。这一目标体现了对电子商务人才综合素质的全面要求，既强调了学生的专业知识储备，又注重其实际操作能力和创新思维的培养。通过这一目标的设定，旨在培养出能够迅速适应电子商务行业发展需求，为企业创造价值的高素质人才。

（二）知识与能力目标

在知识与能力方面，电子商务专业人才的培养目标要求学生深入掌握电子商务的基本理论知识和实践技能。这包括电子商务的基本概念、原理、技术及应用等方面的知识，以及网络营销、电子商务平台运营、数据分析等实践技能。通过系统的学习和实践，使学生能够全面了解电子商务行业的运作机制和发展趋势，掌握实际操作技能，具备解决实际问题的能力。

此外，培养学生的批判性思维也是知识与能力目标的重要组成部分。在电子

商务领域，面对复杂多变的市场环境和技术挑战，学生需要具备独立思考、分析问题的能力，能够运用所学知识进行创新性的思考和解决方案的设计。

（三）职业素养目标

在职业素养方面，电子商务专业人才的培养目标强调培养学生的团队合作精神和良好的职业道德。电子商务行业是一个高度协作的领域，团队合作是行业发展的基石。因此，培养学生的团队合作精神，使其具备与他人有效沟通、协作的能力，是职业素养目标的重要体现。

同时，良好的职业道德也是电子商务人才不可或缺的品质。这包括诚信、责任、敬业等方面的要求，是学生在未来职业生涯中必须遵守的基本规范。通过职业素养的培养，使学生能够树立正确的职业观念和价值观，为行业的健康发展贡献自己的力量。

综上所述，电子商务专业人才培养的目标体系构建是一个系统工程，需要综合考虑行业发展趋势、企业需求以及学生个人发展等多个方面。通过明确总体目标、知识与能力目标以及职业素养目标，可以为电子商务专业人才的培养提供明确的方向和指引，推动电子商务行业的持续健康发展。

二、校企合作背景下目标定位的特色与优势

在电子商务专业人才培养的过程中，校企合作模式发挥着举足轻重的作用。这种合作模式不仅有助于提升学生的实践能力和职业素养，更能够确保人才培养目标与市场需求的紧密对接。在校企合作的背景下，电子商务专业人才培养的目标定位展现出了鲜明的特色与优势。

首先，结合企业需求，实现目标定位与市场需求的对接，是校企合作背景下目标定位的一大特色。通过与企业的紧密合作，学校能够深入了解行业发展趋势和企业对人才的需求，从而针对性地调整和优化人才培养目标。这种对接不仅确保了学生在校期间所学知识与技能的实用性和前瞻性，更使得学生在毕业后能够迅速适应企业的工作环境，为企业创造价值。

其次，利用企业资源，增强实践教学和实习实训的效果，是校企合作背景下目标定位的又一优势。企业拥有丰富的实践经验和先进的设施设备，能够为学生

提供真实的实践环境和操作平台。通过参与企业的实际项目，学生能够将所学知识应用于实践中，提升解决实际问题的能力。同时，企业导师的指导和帮助也能够让学生在实践中不断成长和进步。

此外，校企合作还能够促进人才培养目标的动态调整与优化。随着电子商务行业的快速发展和技术的不断更新，企业对人才的需求也在不断变化。通过校企合作，学校能够及时了解这些变化，并根据实际情况对人才培养目标进行动态调整。这种灵活性使得电子商务专业人才培养更加符合市场需求，提高了人才培养的质量和效果。

三、目标定位的实施路径与策略

在电子商务专业人才培养过程中，实现目标定位的关键在于制定切实可行的实施路径与策略。这些策略旨在通过优化课程体系、加强师资队伍建设、深化校企合作以及建立完善的评价体系，确保知识与能力的有效培养，提升教育教学的质量和水平，构建实践教学与实习就业体系，最终实现目标定位。

（一）优化课程体系，确保知识与能力的有效培养

优化课程体系是实现目标定位的基础。首先，我们需要根据电子商务行业的发展趋势和企业需求，调整课程设置，确保课程内容的前沿性和实用性。其次，加强基础课程与专业课程的衔接，构建完整的知识体系，为学生打下坚实的知识基础。同时，注重理论与实践的结合，增加实验、实训等实践性课程的比重，让学生在实践中掌握技能、提升能力。

在课程内容方面，我们要关注电子商务的新技术、新应用，将最新的研究成果和行业动态引入课堂，使学生始终保持与行业发展的同步。此外，通过开设跨学科课程，拓宽学生的知识视野，培养他们的综合素质和创新能力。

（二）加强师资队伍建设，提升教育教学的质量和水平

优秀的师资队伍是实现目标定位的重要保障。首先，我们要加强教师的专业培训和学术交流，提升他们的专业素养和教学能力。通过组织教师参加行业会议、研讨会等活动，使他们了解行业最新动态，更新教育观念，提高教学水平。

其次，积极引进具有丰富实践经验和行业背景的优秀人才，充实教师队伍。这些人才不仅能够为学生提供实践指导，还能将企业的实际需求和行业经验融入教学中，使教学更加贴近实际。

此外，建立激励机制，鼓励教师开展教学研究和改革，探索适合电子商务专业人才培养的教学模式和方法，提升教学质量和效果。

（三）深化校企合作，构建实践教学与实习就业体系

首先，要与企业建立紧密的合作关系，共同制订人才培养方案和教学计划。通过企业参与课程设置、提供实践教学资源等方式，实现学校教育与企业需求的无缝对接。

其次，加强实践教学环节的设计与实施。通过建立实习基地、开展实习实训等活动，让学生有机会在企业中亲身体验电子商务的实际运作，提升他们的实践能力和职业素养。

再次，关注实习就业体系的构建。通过与企业建立稳定的就业合作关系，为学生提供更多的就业机会和职业发展平台。此外，加强对学生就业指导和职业规划的辅导，帮助他们更好地适应职场环境，实现个人价值。

（四）建立完善的评价体系，确保目标定位的实现

建立完善的评价体系是实现目标定位的重要保障。首先，我们要制定科学的评价标准和方法，对学生的学习成果和能力进行客观、全面的评价。通过考试成绩、实践项目、毕业论文等多种形式，全面了解学生的知识掌握程度和实践能力。

其次，加强对学生综合素质和创新能力的评价。通过组织学科竞赛、创新创业等活动，激发学生的创新精神和实践能力，培养他们的综合素质和团队协作能力。

最后，建立反馈机制，及时将评价结果反馈给教师和学生，帮助他们了解自身存在的问题和不足，制定改进措施，不断提升教育教学质量和人才培养效果。

四、目标定位的挑战与应对

在电子商务专业人才培养过程中，目标定位的实施往往面临着诸多挑战。这

些挑战主要来自行业的快速变化、企业需求的不断演变以及学校与企业之间的沟通与合作等方面。为了应对这些挑战，需要采取一系列有效的策略，以确保目标定位的准确性和实效性。

（一）面对行业变化，及时调整目标定位

电子商务行业作为一个快速发展的领域，其技术、应用和市场环境都在不断发生变化。这种变化对人才培养的目标定位提出了更高的要求。为了应对这一挑战，需要密切关注行业动态，及时了解和掌握新技术、新应用和新模式的发展趋势。在此基础上，需要对目标定位进行适时的调整，确保人才培养的方向与行业发展保持同步。

具体来说，可以通过加强与行业组织、研究机构和企业的联系，获取第一手行业信息和发展动态。同时，还可以通过定期举办行业研讨会、论坛等活动，邀请行业专家和学者进行交流和分享，以拓宽学生的视野和思路。此外，还可以借鉴其他国家和地区的成功经验，结合我国的实际情况，制定符合行业发展需求的人才培养目标。

（二）应对企业需求变化，优化人才培养策略

企业作为电子商务专业人才的主要需求方，其需求的变化直接影响到人才培养的目标定位。随着市场的竞争加剧和技术的不断更新换代，企业对电子商务人才的需求也在不断演变。为了应对这一挑战，需要深入调研企业需求，了解企业对人才的具体要求和期望。在此基础上，需要对人才培养策略进行优化，以满足企业的实际需求。

例如，可以加强对学生实践能力和职业素养的培养，通过组织实习实训、开展创新创业等活动，提升学生的综合素质和竞争力。

（三）加强与企业的沟通与合作，确保目标定位的实效性

学校与企业之间的有效沟通与合作是实现目标定位的关键。然而，在实际操作中，由于双方在文化背景、利益诉求等方面存在差异，往往导致沟通不畅或合作不深。为了应对这一挑战，需要建立有效的沟通机制和合作平台，促进双方的

深度交流和合作。

具体来说，可以通过定期举办校企合作论坛、座谈会等活动，为双方提供交流的平台和机会。同时，还可以建立校企联合实验室、实践基地等合作平台，为学生提供实践学习的机会和平台。此外，还可以邀请企业专家参与学校的教学和科研活动，共同开展课题研究、技术创新等工作，促进产学研深度融合。

在合作过程中，还需要注重建立互信机制和利益共享机制。通过加强双方的沟通和理解，建立长期稳定的合作关系；通过明确双方的权益和责任，实现合作成果的共享和共赢。

综上所述，通过及时调整目标定位、优化人才培养策略以及加强与企业的沟通与合作，可以确保电子商务专业人才培养的目标定位具有实效性和前瞻性，为行业的持续健康发展提供有力的人才保障。

第二节　电子商务专业人才培养的具体要求

在校企合作模式下，学校和企业共同承担人才培养的责任，通过资源共享、优势互补，实现教育与实践的有机结合。这种模式有助于培养既具备扎实理论基础，又具备实际操作能力和创新精神的电子商务专业人才，满足社会和企业的实际需求。

一、电子商务专业人才培养的知识要求

在校企合作背景下，电子商务专业人才培养的知识要求更加全面和深入，旨在培养具备扎实理论基础和广泛实践经验的电子商务人才。以下是对知识要求的详细阐述。

（一）电子商务基础知识

电子商务的基本概念与原理是电子商务专业的基石，学生需要掌握电子商务的定义、分类、特点以及基本流程等。通过学习，学生能够理解电子商务的运作机制，为后续学习打下基础。

电子商务的发展历程与趋势是了解行业现状和未来发展的重要途径。学生需要了解电子商务的起源、发展阶段以及未来趋势，掌握行业发展的最新动态和前沿技术。这有助于学生更好地适应行业变化，为未来的职业发展做好准备。

电子商务法律法规与政策环境是保障电子商务健康发展的重要保障。学生需要了解电子商务相关的法律法规和政策，包括电子合同、电子支付、消费者权益保护等方面的法律规定，以及政府对电子商务的支持政策。这有助于学生在从事电子商务活动时遵守法律法规，规避风险。

（二）商务管理与市场营销知识

商务策划与运营管理是电子商务专业的重要组成部分。学生需要掌握商务策划的基本方法，包括市场调研、目标定位、策略制定等，以及运营管理的关键要素，如供应链管理、库存管理、物流配送等。通过学习，学生能够具备独立开展商务活动的能力，提高运营效率。

市场营销理论与实践是电子商务专业不可或缺的一部分。学生需要了解市场营销的基本概念、原理和方法，掌握市场调研、市场细分、产品定位等营销技能。同时，学生还需要通过实践活动，如制定营销方案、开展促销活动等，提升市场营销能力。

客户关系管理与服务营销是提升客户满意度和忠诚度的重要手段。学生需要掌握客户关系管理的基本理念和方法，如客户识别、客户分类、客户沟通等，以及服务营销的技巧和策略。通过学习，学生能够更好地满足客户需求，提升服务质量，增强企业竞争力。

（三）信息技术与网络安全知识

计算机网络与通信技术是电子商务专业的基础支撑。学生需要掌握计算机网络的基本原理、通信协议以及网络技术应用等方面的知识。通过学习，学生能够了解网络系统的构建和管理，为电子商务平台的开发和运营提供技术支持。

电子商务系统设计与开发是电子商务专业的重要实践环节。学生需要了解电子商务系统的基本架构和功能模块，掌握系统设计和开发的基本流程和方法。通过实践活动，如参与项目开发、编写代码等，学生能够提升电子商务系统的设计和开发能力。

网络安全与数据加密技术是保障电子商务安全的关键。学生需要了解网络安全的基本概念、威胁和防护措施，掌握数据加密技术的基本原理和应用方法。通过学习，学生能够增强网络安全意识，提升防范网络攻击和窃取信息的能力，保障电子商务活动的安全进行。

（四）跨学科知识融合

经济学、管理学、法学等多学科知识的融合是电子商务专业人才培养的重要特点。学生需要掌握经济学的基本原理和方法，了解市场经济的运行规律和企业的经济行为；同时，还需要学习管理学的基本理论和方法，掌握企业管理和运营的基本技能。此外，法学知识也是电子商务专业不可或缺的组成部分，学生需要了解电子商务相关的法律法规和政策，为企业的合规经营提供法律保障。

数据分析与商业智能的应用是电子商务专业的重要趋势。学生需要掌握数据分析的基本方法和技术，了解商业智能的基本原理和应用场景。通过学习，学生能够运用数据分析工具对电子商务数据进行挖掘和分析，为企业的决策提供数据支持。

国际贸易与跨境电商知识是拓展电子商务专业视野的重要途径。学生需要了解国际贸易的基本规则和流程，掌握跨境电商的运营模式和策略。通过学习，学生能够了解国际贸易市场的最新动态和趋势，为企业的国际化发展提供支持。

综上所述，通过掌握电子商务基础知识、商务管理与市场营销知识、信息技术与网络安全知识以及跨学科知识融合等方面的内容，学生将能够在电子商务领域取得优异的表现和成就。

二、电子商务专业人才培养的能力要求

在校企合作背景下，电子商务专业人才的培养不仅要注重知识的传授，更要强调能力的培养。

（一）实践能力与创新精神

电子商务平台的实际操作能力：学生应能够熟练掌握电子商务平台的运营流

程，包括产品上架、订单处理、客户服务等关键环节。通过参与校企合作项目或实习实训，学生能够实际操作电子商务平台，了解其运作机制，提升实际操作能力。

电子商务项目策划与实施能力：学生应具备电子商务项目的策划与实施能力，能够根据市场需求和企业目标，制订项目计划并推动项目执行。通过参与企业实际项目或自主创业实践，学生能够积累项目经验，提升项目策划与实施能力。

创新思维与创业能力的培养：在快速变化的电子商务环境中，学生需要具备创新思维和创业能力，能够发现市场机会，提出创新性的解决方案，并具备将创新转化为实际商业价值的能力。学校和企业应提供创新创业教育和实践平台，鼓励学生积极参与创新创业活动，培养其创新思维和创业能力。

（二）数据分析与决策能力

数据收集、处理与分析的能力：学生应掌握数据收集、处理和分析的基本方法，能够运用数据分析工具对电子商务数据进行挖掘和分析，提取有价值的信息。通过课程学习和实践项目，学生能够提升数据处理和分析能力，为企业的决策提供数据支持。

基于数据的商业决策能力：学生应能够根据数据分析结果，结合市场趋势和企业战略，做出合理的商业决策。学校和企业应提供实际商业案例和模拟决策环境，让学生在实践中锻炼决策能力，提高其决策的准确性和有效性。

商业智能工具的运用能力：学生应了解并掌握常用的商业智能工具，如数据挖掘软件、数据分析平台等，能够利用这些工具进行数据挖掘、预测分析和优化决策。通过校企合作项目或企业实习，学生能够接触和使用这些工具，提升其在实际工作中的应用能力。

（三）团队协作能力与沟通技巧

团队项目管理与协作能力：学生应具备团队项目管理和协作能力，能够在团队中发挥自己的作用，与团队成员共同完成任务。学校和企业应提供团队项目和合作机会，让学生在实践中锻炼团队协作和项目管理能力。

跨部门沟通与协调能力：在电子商务领域，学生需要具备与不同部门沟通和协调的能力，以确保项目的顺利进行。学校和企业应提供跨部门沟通的机会，让学生在实践中学习如何与不同部门合作，解决跨部门沟通中的问题和挑战。

商务演讲与谈判技巧：学生应具备良好的商务演讲和谈判技巧，能够清晰地表达自己的观点和需求，有效地与合作伙伴或客户进行沟通和谈判。学校可以通过组织演讲比赛、模拟谈判等活动来提升学生的演讲和谈判能力。

（四）国际化视野与跨文化交流能力

全球化背景下的商业洞察力：学生应具备全球化背景下的商业洞察力，能够了解国际市场的动态和趋势，分析全球商业环境对企业的影响。学校和企业应提供国际化教育和实践机会，帮助学生拓宽视野，增强对全球商业环境的认知。

跨文化商务沟通与合作能力：在全球化背景下，学生需要具备跨文化商务沟通和合作能力，能够与不同文化背景的人进行有效沟通和合作。学校和企业应提供跨文化交流的机会和平台，让学生在实践中学习和提升跨文化沟通能力。

外语应用能力：学生应掌握一门或多门外语，能够运用外语进行商务沟通和交流。学校可以通过开设外语课程、组织外语角等活动来提升学生的外语应用能力。同时，企业也可以提供外语培训和实际运用机会，帮助学生更好地适应国际化商业环境。

总之，通过校企深度合作和共同培养，可以有效提升学生的这些能力，为其未来的职业发展奠定坚实基础。

三、电子商务专业人才培养的素质要求

在校企合作背景下，对于电子商务专业人才的培养，除了知识和技能的要求外，更强调人才的综合素质。这些素质不仅关系到个人职业发展，而且直接关系到企业的长远发展和社会的和谐稳定。

（一）职业道德与诚信品质

遵守商业道德和行业规范：电子商务专业人才应严格遵守商业道德和行业规范，包括但不限于公平竞争、尊重他人知识产权、维护市场秩序等。在企业实践

中，应能够自觉遵守公司的规章制度，不从事任何违法违规的行为。

诚实守信，维护企业声誉：诚实守信是电子商务专业人才的基本素质。在工作中，应做到言行一致，不虚假宣传，不欺骗消费者，积极维护企业的良好形象和声誉。

尊重知识产权，保护消费者权益：电子商务领域涉及大量的知识产权问题，专业人才应具备尊重和保护知识产权的意识。同时，还应关注消费者权益保护，确保产品和服务的质量，为消费者提供安全、可靠、便捷的购物体验。

（二）学习能力与自我发展

持续学习的态度与习惯：电子商务领域发展迅速，技术和模式不断创新，专业人才应具备持续学习的态度和习惯。通过不断学习新知识、新技能，不断提升自己的专业素养和综合能力，以适应行业发展的需求。

自我管理与自我提升能力：专业人才应具备良好的自我管理能力，能够合理安排时间，高效完成工作任务。同时，还应具备自我提升的能力，通过不断反思和总结，找到自己的不足之处，并积极寻求改进和提升的途径。

职业规划与终身学习的意识：电子商务专业人才应具备明确的职业规划意识，明确自己的职业目标和发展方向。同时，还应树立终身学习的观念，将学习作为一种生活方式，不断提升自己的综合素质和竞争力。

（三）社会责任感与服务意识

关注社会热点，承担社会责任：电子商务专业人才应关注社会热点和民生问题，积极承担社会责任。通过参与社会公益活动、支持慈善事业等方式，回馈社会，为社会的发展贡献自己的力量。

以客户为中心，提供优质服务：在电子商务领域，客户是企业的核心资源。专业人才应树立以客户为中心的服务理念，积极关注客户需求和反馈，提供优质的服务和产品。通过不断提升客户满意度和忠诚度，赢得客户的信任和支持。

参与公益活动，回馈社会：专业人才应积极参与各类公益活动，通过实际行动回馈社会。这不仅可以提升个人的社会责任感，还可以为企业树立良好的社会形象，增强企业的社会影响力。

（四）心理素质与抗压能力

应对挑战与压力的能力：电子商务领域竞争激烈，市场变化快速，专业人才应具备良好的应对挑战和压力的能力。面对困难和挫折时，能够保持冷静和理智，积极寻找解决问题的方法和途径。

保持积极心态与情绪稳定：在工作中，专业人才应保持积极的心态和情绪稳定。遇到问题时能够保持乐观和自信，以积极的心态面对挑战和困难。同时，还应善于调节自己的情绪，避免将负面情绪带入工作中。

适应快速变化的市场环境：电子商务领域市场环境变化迅速，专业人才应具备较强的适应能力。能够及时调整自己的思维方式和行为方式，适应新的市场环境和业务需求。通过不断学习和实践，提升自己的适应能力和竞争力。

综合而言，知识、能力与素质要求是电子商务专业人才培养的三个重要方面，它们相互关联、相互促进，共同构成了电子商务专业人才培养的完整体系。在校企合作中，应继续注重这三个方面的培养，不断提升电子商务专业人才的综合素质和竞争力，为行业的持续健康发展提供有力的人才保障。

第三节　电子商务专业人才培养的现状分析

在当今信息化、数字化的时代浪潮中，电子商务作为新兴产业，其重要性日益凸显。电子商务专业人才培养，作为支撑行业发展的关键要素，其现状值得我们深入剖析。当前，随着技术的不断更新和市场的快速变化，电子商务专业人才培养面临着诸多挑战与机遇。学校与企业之间的合作机制、师资力量的配置、政策支持等方面，都直接影响着人才培养的质量和效果。

一、电子商务专业人才培养取得的成效

随着电子商务行业的蓬勃发展，电子商务专业人才培养工作取得了显著的成效。多年来，众多高校和企业紧密合作，共同致力于培养具备实践能力和创新精神的电子商务专业人才。

（一）理论与实践结合更加紧密

在校企合作的深度推进下，电子商务专业的人才培养迎来了前所未有的变革。传统的教育模式往往侧重于理论知识的传授，学生难以将所学知识应用于实际场景中。然而，校企合作模式的出现，为电子商务专业的学生打开了一扇通往实践的大门。在这一背景下，学生们得以深入企业，接触实际案例和项目，将课堂上学到的理论知识与实际操作相结合。

通过与企业的紧密合作，学生们在实习实训中亲身体验了电子商务的运作过程，了解了行业的最新动态和发展趋势。他们参与到了企业的实际运营中，从策划、设计到推广、销售，全程参与并实际操作，使理论知识得以落地生根。这种结合不仅提高了学生的实践操作能力，更使他们对电子商务行业的运营模式和业务流程有了更加深入的理解。

（二）创新能力与职业素养得到提升

校企合作不仅为学生提供了实践平台，还为他们提供了锻炼创新能力和职业素养的机会。在企业的创新活动中，学生们能够接触到前沿的技术和思想，激发他们的创新意识和创新能力。他们与企业员工一起探讨问题、解决难题，学习到了企业的工作方式和思维方式，逐渐形成了自己的创新理念和方法。

同时，在企业导师的悉心指导下，学生们的职业素养也得到了显著提升。他们学会了如何与人沟通、如何团队协作、如何解决问题等，这些技能在日后的职业生涯中都将发挥重要作用。

（三）就业竞争力增强

校企合作模式使得学生在求职时更具竞争力。通过实习实训，他们提前了解了企业的工作环境和工作流程，对职场的规则和文化有了初步的认识。这使得他们在面试时能够更加自信、从容地应对各种问题。此外，企业也更倾向于招聘有实习经验、熟悉业务流程的毕业生。他们认为这样的毕业生能够更快地适应工作环境、融入团队，为企业创造更多的价值。因此，校企合作模式下培养出的电子商务专业人才在就业市场上更具竞争力，就业率也得到了显著提高。

综上所述，校企合作在电子商务专业人才培养中发挥了重要作用。它使得理论与实践结合更加紧密，提升了学生的创新能力和职业素养，增强了他们的就业竞争力。未来，我们应继续深化校企合作，为电子商务专业的人才培养注入更多的活力和动力。

二、电子商务专业人才培养存在的问题与成因

尽管电子商务专业人才培养取得了显著的成效，但在其发展过程中仍不可避免地存在一些问题和挑战。

（一）电子商务专业人才培养存在的问题

1. 合作深度不够

当前，尽管校企合作在电子商务专业人才培养中有所推进，但合作深度仍显不足。一些校企合作仅停留在表面层面，缺乏实质性的互动和深度融合。企业往往只是提供一些实习岗位或短期项目，而未能深入参与到人才培养的全过程中。这种浅层次的合作模式无法充分发挥校企双方的优势，难以形成有效的合力，导致人才培养效果有限。

深入分析其原因，我们发现合作深度不够的问题主要源于双方缺乏足够的信任和沟通。企业可能担心过多的参与会增加其运营成本，而学校则可能担心企业的参与会影响其教学安排和学术独立性。因此，双方需要进一步加强沟通和合作，建立更加紧密的合作关系，共同制订人才培养计划和方案，确保校企合作能够取得实质性的成果。

2. 实习实训环节管理不规范

实习实训是校企合作中至关重要的一环，它直接关系到学生实践能力的提升和职业素养的养成。然而，当前实习实训环节存在管理不规范的问题。一些学校和企业对实习实训的目标、内容、评估等缺乏统一的标准和流程，导致实习过程缺乏有效监督和指导，实习效果难以保证。

为了解决这个问题，我们需要加强实习实训环节的管理和规范。学校和企业应共同制订实习实训计划和标准，明确实习目标、内容和要求，建立实习过程监

督和评估机制，确保学生能够在实习中得到充分的锻炼和提升。同时，还需要加强对学生实习过程的指导和帮助，及时解决学生在实习中遇到的问题和困难。

3. 师资力量不足

在校企合作中，具备实践经验和行业背景的教师是推动人才培养的关键力量。然而，目前一些学校的电子商务专业师资力量不足，缺乏与企业紧密合作的教师团队。这导致在教学过程中难以将理论知识与实践相结合，影响了人才培养的质量。

（二）电子商务专业人才培养问题的成因

在电子商务专业人才培养过程中，校企合作所面临的问题与挑战并非孤立存在，而是由多重因素交织而成的复杂现象。深入剖析这些问题，我们不难发现，合作机制不完善、学校与企业沟通不畅以及政策支持不足是其中的三大主要原因。

首先，合作机制不完善是导致校企合作深度不够的重要因素。目前，很多校企合作缺乏长期稳定的合作机制，往往只是基于短期项目或临时需求进行合作，缺乏持续性和稳定性。这种不完善的合作机制使得企业对于参与人才培养的意愿不强，难以形成有效的合力。同时，由于缺乏明确的责任分工和利益分配机制，校企双方在合作过程中容易出现责任不清、利益冲突等问题，进一步制约了合作的深度和广度。

其次，学校与企业之间的沟通不畅也是导致校企合作问题的一个重要原因。由于双方在文化、理念、目标等方面的差异，往往存在信息不对称、沟通不及时等问题。学校对于企业的需求和期望了解不足，难以提供针对性的教学和服务；而企业则可能对于学校的教学资源和能力缺乏信任，难以将其纳入自身的发展规划中。这种沟通障碍不仅影响了校企合作的效果，而且阻碍了双方在人才培养方面的深度合作。

最后，政策支持不足也是制约校企合作发展的重要因素。尽管政府对于校企合作给予了一定的关注和支持，但目前的政策体系仍然不够完善，缺乏有效的激励机制和保障措施。这使得校企双方在合作过程中难以获得足够的政策支持和资源保障，难以形成良性的合作生态。

三、电子商务专业人才培养的改进策略

为了培养更多适应市场需求、具备实践能力和创新精神的电子商务专业人才，必须从多个维度出发，制定有针对性的措施。

（一）建立长效合作机制

针对电子商务专业人才培养过程中的校企合作问题，建立长效合作机制显得尤为重要。学校和企业作为合作的双方，应当摒弃短视思维，从长远发展的角度出发，共同制定长期稳定的合作规划。这一规划应明确合作的目标、内容和方式，确保双方能够持续、深入地开展合作。

首先，明确合作目标是建立长效合作机制的基础。学校和企业应共同确定人才培养的具体目标，包括培养学生的实践能力、创新能力和职业素养等方面。同时，双方还应根据电子商务行业的发展趋势和市场需求，不断调整和优化合作目标，确保人才培养与行业发展紧密相连。

其次，确定合作内容是建立长效合作机制的关键。学校和企业应充分发挥各自的优势，共同商定合作的具体内容。学校可以提供教学资源、教学设施等方面的支持，而企业则可以提供实习岗位、实践项目等实践机会。双方还可以共同开展科研项目、技术开发等活动，推动产学研深度融合。

最后，选择合适的合作方式是建立长效合作机制的保障。学校和企业可以根据实际情况，选择适合双方的合作方式，如共建实训基地、联合培养人才、共同开发课程等。这些合作方式应能够充分发挥双方的优势，实现资源共享和互利共赢。

通过建立长效合作机制，学校和企业可以形成紧密的合作关系，共同推动电子商务专业人才培养的发展。这种机制不仅能够增强双方的信任感和责任感，还能够确保合作项目的连续性和稳定性，为人才培养提供坚实的保障。

（二）加强沟通与交流

在建立长效合作机制的基础上，加强沟通与交流是确保校企合作顺利进行的关键环节。学校和企业应建立定期沟通机制，加强信息交流，及时解决合作过程

中出现的问题。

首先，双方应建立定期会议制度，定期召开合作会议，就合作进展、存在问题等方面进行深入交流和讨论。通过会议，双方可以及时了解对方的需求和期望，共同协商解决合作过程中出现的问题。

其次，加强日常沟通也是非常重要的。学校和企业可以通过电话、邮件、微信等多种方式保持日常联系，及时分享信息、交流想法。这种日常沟通有助于增进双方的友谊和信任，推动合作向更深层次发展。

最后，双方还可以建立信息共享平台，实现信息的实时共享和传递。通过平台，学校和企业可以及时了解行业动态、市场需求等信息，为人才培养提供有力的支持。

通过加强沟通与交流，学校和企业可以增进相互理解，减少误解和冲突，推动合作更加顺畅地进行。这种沟通与交流不仅有助于解决当前合作中遇到的问题，还能够为未来的合作奠定坚实的基础。

（三）强化政策支持

政府在校企合作中扮演着重要的角色，应加大对校企合作的政策支持力度，为合作提供有力的保障。

首先，政府可以提供资金扶持，鼓励企业积极参与人才培养。通过设立专项资金、提供贷款优惠等方式，政府可以减轻企业在合作中的经济负担，激发其参与人才培养的积极性。

其次，政府可以给予税收方面的优惠。对于参与校企合作的企业，政府可以给予一定的税收减免或优惠政策，降低其合作成本，提高其合作意愿。

最后，政府还可以制定相关政策，鼓励学校与企业开展深度合作。例如，政府可以推动学校与企业共建实训基地、联合培养人才等项目的实施，为校企合作提供更多的机会和平台。

通过强化政策支持，政府可以为校企合作提供有力的保障，推动合作的深入发展。这不仅有助于提升人才培养的质量，还能够促进电子商务行业的持续发展。

（四）提升师资力量

师资力量是人才培养的关键，学校应加强对电子商务专业教师的培训和实践锻炼，引进具有行业背景和实践经验的教师，提高教学质量。

首先，学校可以定期组织教师参加专业培训和学习活动，提升教师的专业素养和教学能力。通过培训，教师可以了解最新的行业动态和技术发展，将其融入教学中，提升教学效果。

其次，学校可以鼓励教师到企业挂职锻炼或参与实际项目，增强教师的实践经验和行业认知。通过实践锻炼，教师可以更好地了解企业的运营模式和业务流程，为教学提供更加贴近实际的内容。

最后，学校还应积极引进具有行业背景和实践经验的教师。这些教师具有丰富的行业经验和实际操作能力，能够为学生提供更加实用和有针对性的教学。

通过提升师资力量，学校可以为学生提供更加优质的教学资源和教学环境，培养出更多具有实践能力和创新精神的电子商务专业人才。这将有助于提升人才培养的整体质量，推动电子商务行业的持续发展。

第四节　电子商务专业人才培养的模式构建

随着信息技术的飞速发展和全球经济的深度融合，电子商务已成为推动经济社会发展的重要引擎。在这一背景下，电子商务专业人才培养模式的构建显得尤为重要。首先，电子商务行业对人才的需求呈现出多元化、高技能化的特点。企业不仅需要具备扎实专业知识的人才，更看重其实践能力、创新精神和跨领域合作能力。因此，构建适应行业需求的人才培养模式，有助于培养出更符合企业实际需求的电子商务人才。其次，构建电子商务专业人才培养模式有助于提升人才培养的质量和效率。通过优化课程体系、实践教学体系、师资队伍建设以及评价体系等方面，可以更加系统地培养学生的综合素质和专业技能，提高人才培养的针对性和实效性。最后，构建电子商务专业人才培养模式也是推动电子商务行业持续健康发展的关键。一个完善的人才培养模式可以源源不断地为行业输送高质量的人才，为行业的创新和发展提供有力的人才保障。

一、电子商务专业人才培养模式的构建内容

（一）课程体系构建

在电子商务专业人才培养模式的构建中，课程体系是至关重要的一环。通过构建一套理论与实践相结合、注重前沿知识与技能传授的课程体系，可以为培养高素质、高技能的电子商务人才提供有力的支持。

1. 核心课程设置

（1）电子商务基础理论。电子商务基础理论课程是电子商务专业的基石，旨在为学生提供电子商务领域的全面认识。该课程涵盖电子商务的基本概念、发展历程和基本原理，使学生能够深入理解电子商务的运作模式、核心要素以及其在经济社会中的重要作用。通过这门课程的学习，学生将建立起对电子商务的基础认知，为后续的专业学习打下坚实的基础。

（2）技术应用课程。技术应用课程是电子商务专业课程体系的重要组成部分，旨在培养学生的实际操作能力和技术应用水平。这些课程包括数据分析、网站设计与开发、网络营销等前沿技术课程，使学生能够掌握电子商务领域的关键技术和应用方法。通过数据分析课程的学习，学生将学会运用数据分析工具进行市场分析和用户行为研究；通过网站设计与开发课程的学习，学生将掌握网站建设的基本技能和流程；通过网络营销课程的学习，学生将了解网络营销的策略和技巧，提升企业的品牌知名度和市场竞争力。

（3）商务实战课程。商务实战课程是电子商务专业课程体系中的实践环节，旨在通过行业案例的分析和实战技能的教授，提升学生的实际操作能力和问题解决能力。这些课程结合真实的电商案例，教授电子商务运营策略、市场调研与预测等实战技能。通过案例分析，学生将学会如何分析市场趋势、制定运营策略；通过市场调研与预测的学习，学生将掌握市场调研的方法和技巧，为企业的决策提供科学依据。

2. 理论与实践融合

（1）案例分析法。案例分析法是一种有效的理论与实践相结合的教学方法。

在电子商务专业课程中，我们引入真实电商案例，通过案例分析的方式，帮助学生深入理解电子商务理论知识的实际应用。学生将通过分析案例中的市场策略、运营模式等要素，加深对电子商务运营的理解和掌握。这种教学方法能够提高学生的分析能力和解决问题的能力，使他们更好地适应实际工作环境。

（2）模拟实验。模拟实验是另一种重要的理论与实践结合的教学方式。我们利用电商模拟软件，模拟电商运营过程，让学生在模拟环境中进行实践操作。通过模拟实验，学生可以亲身体验电商运营的全过程，包括产品上架、营销推广、订单处理等环节。这种教学方式有助于提升学生的实际操作能力，让他们更好地掌握电商运营的技巧和策略。

3. 前沿知识与技能传授

（1）增设跨境电商课程。随着全球化的深入发展，跨境电商已成为电子商务领域的重要趋势。为了顺应这一趋势，我们增设了跨境电商课程，旨在培养学生的跨境电商运营能力。这门课程将介绍跨境电商的基本概念、市场环境和运营策略，帮助学生了解跨境电商的运作模式和挑战。通过这门课程的学习，学生将掌握跨境电商的关键技能，为未来的职业发展打下坚实的基础。

（2）人工智能与大数据应用。人工智能和大数据技术是电子商务领域的前沿技术，对于提升电商企业的运营效率和市场竞争力具有重要意义。因此，我们结合最新技术趋势，开设了人工智能与大数据应用课程，旨在培养学生的数据挖掘与分析能力。这门课程将介绍人工智能和大数据在电商领域的应用场景和方法，帮助学生掌握相关技术和工具的使用技巧。通过这门课程的学习，学生将能够运用人工智能和大数据技术解决电商运营中的实际问题。

（3）电子商务法律法规。电子商务领域的法律法规对于保障电商企业的合规经营和消费者权益具有重要意义。因此，我们加强了电子商务法律法规的教育，提升学生的法律素养。这门课程将介绍电商领域的法律法规和政策环境，帮助学生了解电商企业的法律义务和权益保障措施。通过这门课程的学习，学生将增强法律意识，提高合规经营的能力。

（二）实践教学体系构建

在电子商务专业人才培养过程中，实践教学是提升学生实际操作能力和职业素养的关键环节。因此，我们致力于构建一套完善的实践教学体系，通过校企合作共建实践基地，开展实习实训与项目合作，为学生提供一个真实、有效的实践学习环境，培养他们成为具备实践能力和创新精神的电子商务专业人才。

1. 实践基地建设

实践基地是开展实践教学活动的重要场所，我们注重与企业合作，共同建设具备真实电商环境的实践基地。

（1）校企共建实验室。学校与企业紧密合作，共同投入资源，建设具备真实电商环境的实验室。实验室将模拟电商企业的真实运营场景，提供完善的软硬件设施，包括电商平台、数据分析工具、物流配送系统等，为学生提供一个与实际工作环境相接近的实践平台。在实验室中，学生可以进行电商平台的操作、数据分析、营销策略制定等实践活动，提升他们的实际操作能力和问题解决能力。

（2）校外实训基地。除了校内实验室，还要积极与电商企业合作，建立校外实训基地。这些基地位于企业实际运营场所，学生可以在这里进行实习实训，深入了解企业的运营模式和业务流程。通过与企业的紧密合作，学生可以参与实际电商项目的运营和管理，亲身体验电商企业的日常工作，从而提升他们的职业素养和综合能力。

2. 实习实训安排

实习实训是实践教学的重要组成部分，注重合理安排校内实训和校外实习，确保学生能够在实践中掌握电商运营流程。

（1）校内实训。在校内实训环节，通过模拟电商项目，让学生在实践中掌握电商运营流程。这些模拟项目将涵盖电商平台的搭建、商品上架、营销推广、订单处理等环节，帮助学生全面了解电商运营的全过程。通过校内实训，学生可以熟悉电商平台的操作和管理，提升他们的实际操作能力和团队协作能力。

（2）校外实习。校外实习是学生接触实际工作环境的重要机会。组织学生到合作企业实习，参与实际电商项目的运营和管理。在实习过程中，学生将与企业员工一起工作，共同完成电商项目的各项任务。通过校外实习，学生可以深入了解电商企业的运营模式和市场需求，提升他们的实践能力和职业素养。

3. 项目合作开展

项目合作是实践教学体系中的重要环节，我们鼓励学生积极参与项目合作，实现产学研结合。

（1）学生团队与企业合作。鼓励学生组建团队，与企业合作开展电商项目。这些项目可以是企业的实际运营项目，也可以是创新创业项目。学生团队将在教师的指导下，与企业共同制订项目计划、实施方案和风险控制措施。通过项目合作，学生可以深入了解电商行业的最新动态和市场需求，提升他们的创新能力和解决问题的能力。

（2）创新创业项目。为了培养学生的创新精神和创业能力，要积极支持学生开展电商创新创业项目。这些项目可以由学生自行提出，也可以来源于教师的科研项目或企业的实际需求。可以提供必要的资金、场地和技术支持，帮助学生将创新想法转化为实际项目。通过创新创业项目，学生可以锻炼自己的创新思维和实践能力，为未来的创业之路打下坚实的基础。

总之，通过构建这样一个实践教学体系，能够为学生提供更多的实践机会和更广阔的发展空间。

（三）师资队伍建设

师资队伍是电子商务专业教育教学的核心力量，其质量与结构直接关系到专业教育的质量与效果。因此，加强师资队伍建设，引进具有丰富实战经验的企业导师，实现校企师资的互聘互用，对于提升电子商务专业教育的实践性和创新性具有重要意义。

1. 企业导师引进

为了弥补学校师资队伍在实战经验方面的不足，积极引进具有丰富电商实战经验的企业人员作为兼职教师或导师。这些企业导师不仅具备深厚的电商理论知识，还拥有丰富的实践经验和行业资源，能够为学生提供更贴近实际、更具操作性的指导和建议。

在引进企业导师的过程中，要注重对其资历和能力的考察，确保他们具备足够的教学能力和专业素养。同时，要与企业导师建立紧密的合作关系，共同制订教学计划、设计实践环节，确保教学质量和效果。

企业导师的引进不仅丰富了师资队伍的构成，而且为学生提供了更多的实践机会和学习资源。他们可以通过与企业导师的交流和互动，深入了解电商行业的最新动态和发展趋势，提升自己的职业素养和实践能力。

2. 校企师资互聘互用

为了实现学校与企业之间的资源共享和优势互补，积极推动校企师资的互聘互用。一方面，我们鼓励学校教师到企业挂职锻炼，参与企业的实际运营和管理，提升他们的实践能力和行业认知。通过在企业的工作经历，教师可以更好地了解电商行业的运作模式和市场需求，为教学提供更加生动、实用的案例和素材。另一方面，我们也邀请企业导师到学校开展讲座、指导实践项目等活动。企业导师可以结合自身的工作经验和行业资源，为学生提供更加具体、深入的指导和建议。同时，他们也可以参与学校的课程设计、教学评价等工作，为电子商务专业教育提供更多的支持和帮助。

通过校企师资的互聘互用，我们可以实现师资资源的优化配置和共享利用。学校和企业之间的合作将更加紧密和深入，为电子商务专业教育提供更加全面、高效的支持和保障。

3. 师资培训与提升

为了不断提升师资队伍的教学与科研能力，我们定期组织师资培训活动。这些培训活动包括电商领域的新知识、新技术的学习，以及教学方法和教学手段的更新。通过培训，教师可以及时掌握电商领域的最新动态和发展趋势，提升自己的专业素养和教学水平。

此外，鼓励教师积极参与行业交流和学术研讨活动。通过参加行业会议、研讨会等活动，教师可以与同行进行深入的交流和探讨，分享教学经验和研究成果，拓宽自己的视野和思路。

同时，也要注重对教师的激励和考核。通过设立教学成果奖、科研成果奖等奖项，鼓励教师在教学和科研方面取得更好的成绩。同时，需要建立完善的考核机制，对教师的教学质量、科研成果等进行定期评估和反馈，以确保师资队伍的整体素质和教学水平得到不断提升。

总之，通过引进企业导师、实现校企师资互聘互用以及加强师资培训与提升等措施，可以构建一个更加优秀、更加专业的电子商务师资队伍。这支队伍将具备深厚的电商理论知识、丰富的实践经验和强大的教学能力，为电子商务专业教育的发展提供有力的支持和保障。同时，他们也将成为推动电子商务行业创新发展的重要力量，为社会经济的发展做出更大的贡献。

(四) 评价体系构建

在电子商务专业教育中，评价体系的构建对于衡量学生学习成果、指导教学改革和提升教育质量具有至关重要的作用。因此，建立以能力为核心的多元化评价体系，是电子商务专业教育发展的必然趋势，也是培养高素质电商人才的重要保障。

1. 能力评价为核心

传统的评价体系往往过于注重知识记忆和应试技巧，而忽视了对学生实践能力、创新能力和职业素养的评价。因此，建立以能力为核心的评价体系显得尤为重要。

在这一评价体系中，学生的实践能力、创新能力和职业素养将成为评价的主要依据。通过设计具有挑战性和实践性的项目作业，要求学生结合所学知识解决实际问题，展示其实践能力；鼓励学生参与创新创业活动，通过创新创业成果的展示来评价其创新能力；同时，关注学生的职业素养，包括团队协作、沟通能力、职业道德等方面的表现。

这种以能力为核心的评价方式，有助于引导学生注重自身能力的培养和提升，促进全面素质的发展。

2. 多元化评价方式

为了更全面地评价学生的能力，需要采用多元化的评价方式。传统的笔试虽然可以考察学生的知识掌握情况，但无法全面反映其实践能力和创新思维。因此，引入口试、实践操作等多种评价方式势在必行。

口试可以考察学生的表达能力、思维逻辑和应变能力；实践操作则能够直接观察学生在实际操作中的表现，评价其技能掌握和实践能力。此外，还可以引入企业评价、同行评价、自我评价等多角度评价，以获取更全面、更客观的评价结果。

多元化评价方式不仅可以更准确地评价学生的能力，还能够激发学生的学习兴趣和积极性，促进其全面发展。

3. 评价体系动态调整

随着电子商务行业的快速发展和企业需求的不断变化，评价体系也需要随之进行动态调整。

首先，评价标准和内容应根据行业发展趋势和企业需求进行更新和优化。例如，随着新技术的不断涌现和应用，评价体系中应加入对新技术掌握和应用能力的考察；同时，根据企业对人才的需求变化，调整对职业素养、团队协作能力等方面的评价权重。

其次，建立有效的反馈机制是评价体系动态调整的关键。通过定期收集学生、企业和社会的评价反馈，了解评价体系的运行情况和存在的问题，及时进行改进和优化。同时，鼓励学生积极参与评价体系的改革，提出建设性意见和建议，推动评价体系的不断完善。

在动态调整评价体系的过程中，需要保持开放性和灵活性，不断适应新的变化和挑战。只有这样，才能确保评价体系始终与行业发展保持同步，为电子商务专业教育提供有力的支持。

综上所述，通过强调能力评价为核心、采用多元化评价方式以及实现评价体系的动态调整，可以更准确地衡量学生的学习成果，激发学生的学习兴趣和积极性，促进全面素质的发展。同时，也有助于提升电子商务专业教育的质量和水平，为培养高素质电商人才提供有力保障。在未来的教育实践中，应不断探索和完善这一评价体系，以适应行业发展的需求和人才培养的目标。

二、电子商务专业人才培养模式的实施策略

随着信息技术的飞速发展，电子商务行业蓬勃兴起，对人才的需求也日趋多样化。在这一背景下，校企合作成为培养电子商务专业人才的重要途径。通过深化校企合作，构建有效的人才培养模式，能够提升人才培养质量，更好地满足社会经济发展对电商人才的需求。

(一) 建立长效的校企合作机制

为了保障校企合作的顺利进行和持续深化，建立长效的校企合作机制显得尤

为重要。

首先，明确合作目标。学校和企业应共同制定合作规划，明确人才培养目标、课程设置、实践教学等方面的合作内容，确保双方的合作能够紧密对接行业需求。

其次，加强沟通与交流。学校和企业应建立定期沟通机制，通过召开座谈会、研讨会等形式，加强双方在人才培养方面的交流与合作，共同解决合作过程中遇到的问题。

此外，建立合作保障机制。学校和企业应签订合作协议，明确双方的权利和义务，确保合作的稳定性和可持续性。同时，可以设立专门的校企合作管理机构，负责协调和处理合作过程中的各项事务。

（二）优化资源配置，提升教学质量

校企合作的核心在于实现资源共享和优势互补。因此，优化资源配置，提升教学质量是实施校企合作人才培养模式的关键。一方面，学校应充分利用企业的实践资源和行业经验，邀请企业导师参与课程设计和教学，将最新的行业知识和技术引入课堂，提升学生的实践能力。同时，学校可以与企业共建实践基地，为学生提供更多的实践机会。另一方面，企业应积极参与学校的教学活动，提供实践场地、设备和人员支持。企业导师可以结合自身的工作经验和行业趋势，为学生提供有针对性的指导和建议，帮助学生更好地了解行业需求和职业发展。

此外，双方还可以共同开展科研项目和成果转化工作，推动产学研深度融合，提升人才培养的针对性和实效性。

（三）加强过程管理，确保人才培养质量

过程管理是保障人才培养质量的重要环节。在校企合作背景下，加强过程管理尤为重要。

首先，制定完善的人才培养方案。学校和企业应根据行业需求和学生特点，共同制定人才培养方案，明确培养目标、课程设置、实践教学等方面的具体要求。

其次，建立严格的考核制度。学校和企业应共同制定考核标准和方法，对学

生的理论知识、实践能力和职业素养进行全面考核。同时，建立激励机制，对表现优秀的学生进行表彰和奖励。

此外，加强对学生学习过程的监控和指导。学校和企业应建立学生信息管理系统，及时了解学生的学习进度和问题，提供个性化的指导和帮助。同时，加强对学生心理健康的关注和辅导，确保学生健康成长。

（四）推广构建的人才培养模式，并不断完善和优化

经过实践检验和不断优化的人才培养模式，应得到广泛的推广和应用。

首先，通过举办研讨会、培训班等形式，将校企合作人才培养模式的理念和实践经验分享给更多的学校和企业。鼓励其根据自身特点和需求，借鉴和采纳这一模式，共同推动电子商务专业人才培养质量的提升。

其次，加强与行业协会、研究机构的合作与交流。通过参与行业会议、发布研究成果等方式，扩大校企合作人才培养模式的影响力，吸引更多的社会资源和支持。

最后，不断完善和优化人才培养模式。在推广和应用过程中，注重收集反馈意见和建议，针对存在的问题和不足进行改进和优化。通过持续改进和创新，使校企合作人才培养模式更加符合行业发展和人才培养的需求。

综上所述，通过全面实施这些策略，能够更有效地培养出适应电子商务行业需求的优秀人才，推动电子商务产业的持续发展。

第四章 应用型高校电子商务专业人才培养模式的实践研究

第一节 电子商务专业"双证融通"人才培养模式

"双证融通"人才培养模式在电子商务专业中具有很高的适用性，有助于提升学生的综合素质、促进学生的就业与创业，并推动电子商务行业的持续发展。

一、"双证融通"人才培养模式概述

（一）"双证融通"的定义与核心要素

"双证融通"人才培养模式，顾名思义，是指将学历证书与职业资格证书相互融通，实现学历教育与职业教育的有机结合。在这一模式下，学生在完成学校规定的学历教育课程的同时，还需获取与所学专业相对应的职业资格证书，以证明其具备相应的职业能力和素质。这一模式的核心要素在于实现学历教育与职业教育的无缝对接，使学生既具备扎实的理论基础，又拥有实际操作能力和职业素养。

在电子商务专业中，"双证融通"人才培养模式的具体体现为学生不仅需要完成电子商务专业的学历教育课程，包括电子商务概论、网络营销、电子支付等课程，还需获取与电子商务相关的职业资格证书，如电子商务师、网络营销师等。通过这一模式，学生能够在掌握电子商务理论知识的同时，具备从事电子商务实际工作的能力和技能。

（二）"双证融通"人才培养模式在电子商务专业的适用性

电子商务作为一个快速发展的行业，对人才的需求呈现出多元化、专业化的

特点。因此，传统的单一教育模式已经难以满足行业的需求。"双证融通"人才培养模式在电子商务专业中的适用性主要体现在以下三方面。

首先，该模式有助于提升学生的综合素质。通过学历教育与职业教育的结合，学生不仅能够掌握电子商务的理论知识，还能够获得实际操作能力和职业素养的提升，从而更好地适应市场需求。

其次，该模式有助于促进学生的就业与创业。拥有学历证书和职业资格证书的学生在求职过程中更具竞争力，能够更容易地获得用人单位的青睐。同时，该模式还注重培养学生的创新精神和创业能力，为学生未来的创业之路提供有力支持。

最后，该模式有助于推动电子商务行业的发展。通过培养具备高素质、高技能的电子商务人才，可以为行业的持续发展提供有力的人才保障，推动电子商务行业的创新与发展。

二、"双证融通"人才培养模式的实施路径

在电子商务专业中实施"双证融通"人才培养模式，需要系统地规划并优化课程设置、加强实践教学与实习实训、提升师资力量，并建立学校与企业的深度合作机制。具体内容有如下四点。

（一）课程设置与教学内容的优化

首先，课程设置应充分体现电子商务专业的特点和需求，既要涵盖电子商务的基本理论、技术与应用，又要注重培养学生的实践能力和职业素养。同时，应根据职业资格证书的要求，将相关课程与证书考试内容对接，确保学生在完成学业的同时，能够顺利获得职业资格证书。

其次，教学内容应与时俱进，紧跟电子商务行业的发展趋势和市场需求。学校应定期更新教材，引入最新的电子商务理论和技术，确保学生所学内容与行业实际相接轨。此外，还应注重跨学科知识的融合，培养学生的综合素质和创新能力。

（二）实践教学与实习实训的强化

实践教学是"双证融通"人才培养模式的重要组成部分。学校应加大实践教

学的比重，增加实验、实训等课程的学时和学分，让学生在实践中学习和掌握知识技能。同时，应建立完善的实践教学体系，包括实验室建设、实践教学大纲制定、实践教学过程管理等方面。

此外，学校还应积极与企业合作，开展实习实训活动。通过与企业的深度合作，可以为学生提供真实的职业环境和实际操作机会，让学生在实践中提升职业素养和能力。同时，学校还可以邀请企业专家担任实习指导老师，为学生提供更加专业的指导和帮助。

（三）师资力量的建设与提升

师资力量是实施"双证融通"人才培养模式的关键。学校应加强对电子商务专业教师的培养和引进力度，建立一支既具备丰富教学经验又熟悉行业发展的师资队伍。同时，应鼓励教师参加各种培训和学术交流活动，提升教师的专业素养和教学水平。

此外，学校还可以聘请具有丰富实践经验的行业专家担任兼职教师或开设讲座，为学生提供更加贴近实际的指导和建议。通过师资力量的建设与提升，可以确保"双证融通"人才培养模式的顺利实施和取得良好效果。

（四）学校与企业的深度合作机制

学校与企业的深度合作是实施"双证融通"人才培养模式的重要保障。学校应积极与企业建立长期稳定的合作关系，共同制定人才培养方案和课程标准，实现资源共享和优势互补。同时，学校还可以与企业合作开展产学研项目，推动科研成果的转化和应用。

此外，学校还可以与企业共同建立实训基地或产学研合作基地，为学生提供更加广阔的实践平台和就业机会。通过学校与企业的深度合作机制，可以推动"双证融通"人才培养模式的深入实施和取得实效。

三、电子商务专业"双证融通"人才培养模式的创新发展

在新时代背景下，电子商务行业面临着前所未有的发展机遇与挑战，这对电子商务专业"双证融通"人才培养模式提出了更高的要求。为适应新时代的发展

需求，我们需要不断探索创新，推动该模式的深入发展。

（一）"双证融通"人才培养模式的创新点

在新时代背景下，电子商务专业"双证融通"人才培养模式的创新点主要体现在以下三方面。

首先，注重跨界融合。随着信息技术的快速发展，电子商务行业与其他行业的融合日益加深。因此，我们在实施"双证融通"人才培养模式时，应注重跨界融合，将电子商务专业与其他相关专业进行有机结合，培养出具备多学科知识和技能的复合型人才。

其次，强化创新创业能力培养。新时代背景下，创新创业能力已成为人才培养的重要目标。在"双证融通"人才培养模式中，我们应更加注重培养学生的创新创业意识和实践能力，通过开设创新创业课程、组织创新创业实践活动等方式，激发学生的创新精神和创业热情。

最后，引入现代教育技术。随着大数据、人工智能等现代教育技术的快速发展，我们可以将这些技术引入"双证融通"人才培养模式中，通过在线课程、虚拟仿真实训等方式，提高教学效率和学生的学习体验。

（二）结合行业发展趋势，探索电子商务专业"双证融通"的新路径

在探索电子商务专业"双证融通"的新路径时，我们需要紧密结合行业发展趋势，关注市场需求和技术变革。具体来说，可以从以下三方面入手。

一是加强与企业的合作。通过与企业的深度合作，我们可以了解行业的最新动态和市场需求，根据企业的实际需求调整人才培养方案和课程设置，确保人才培养与市场需求紧密对接。

二是注重实践教学。实践教学是提升学生实际操作能力和职业素养的重要途径。我们可以增加实践教学的比重，建立更多的实践教学基地，为学生提供更多的实践机会和平台。

三是推动证书体系的更新与升级。随着电子商务行业的快速发展，相关职业资格证书的体系和标准也在不断更新和升级。我们需要及时关注并引入最新的证书体系，确保学生所学内容与行业标准保持一致。

(三) 面向未来的电子商务专业"双证融通"人才培养模式的展望

展望未来,电子商务专业"双证融通"人才培养模式将继续朝着多元化、个性化、国际化的方向发展。

首先,我们将更加注重人才的多元化培养。在课程设置和教学内容上,我们将更加注重跨学科知识的融合和交叉,培养出具备多元化知识和技能的人才。

其次,个性化教育将成为该模式的重要特征。我们将根据每个学生的特点和需求,制定个性化的培养方案,提供多样化的学习路径和选择,以满足不同学生的成长需求。

最后,国际化视野将是该模式的重要发展方向。随着全球化进程的加速推进,电子商务行业也日益呈现出国际化的趋势。因此,我们将加强与国际先进教育资源的对接与合作,引入国际先进的教育理念和教学方法,培养出具备国际竞争力的电子商务人才。

综上所述,新时代背景下电子商务专业"双证融通"人才培养模式的创新与发展具有重要意义。我们要不断探索创新,结合行业发展趋势,探索新路径,为培养更多适应市场需求的高素质电子商务人才做出积极贡献。

第二节 互联网思维下的电子商务专业校企合作模式

在互联网思维的浪潮下,电子商务专业校企合作模式正迎来前所未有的创新与发展机遇。传统的校企合作模式往往受限于体制和资源的束缚,难以实现深度的融合与共赢。然而,随着互联网的普及和技术的不断进步,校企合作正逐渐摆脱这些束缚,向着更加开放、高效、共赢的方向发展。互联网思维强调用户至上、快速迭代、跨界融合等理念,这些理念为电子商务专业校企合作模式的创新提供了强大的思想武器和实践指导。因此,我们有必要深入探讨和研究互联网思维下的电子商务专业校企合作模式,以期为推动电子商务专业的发展和人才培养质量的提升提供有益的参考和借鉴。

一、互联网思维下的电子商务专业发展分析

互联网思维，可以看作互联网时代的一种思考方式，其不仅是互联网企业、互联网产品、移动互联网，同时也包含了终端设备。互联网思维，即降低互联网的维度，互联网产业以低姿态去融合实业，并对市场、产品、价值链、商业生态等进行重新思考的一种方式。

（一）互联网思维的含义

从"互联网思维"一词的构成中可以看出这是依托于互联网产生的一种思维，将"思维"作为该词语的根本内涵意味着互联网思维的重点和要点在于在互联网环境下认知过程的思维。目前这一概念已经被社会大众熟悉，但是在学术界并未对这一概念进行权威的定义，各方学者纷纷提出自己的观点，目前采纳率较高的定义是赵大伟在《互联网思维"独孤九剑"》著作中提出的观点，即"在网络科技不断发展的今天，大数据、云计算的广泛应用，对于企业、产品、市场及商业生态的重新思考，可以称为互联网思维"[①]。从这一定义中可以了解到，互联网思维的产生有其不可或缺的技术支撑，但是我们也可以发现这一思维仍然是围绕着企业、产品、市场以及商业生态，没有实现从商业到社会生活的转变。

在本书的角度下看，互联网发展至今，其已经成为社会发展的窗口，借助互联网及其所代表的科技、文化等都是社会发展和进步的体现，那么由此可以认为，所谓互联网思维就是指在互联网技术水平高度发展的基础上，借助互联网的价值体系、精神、方法技术、标准守则等实现思考探究，以此推进个人和社会工作、生活、学习进步以及创新、解决问题的现代化、科学化的思维方式。

（二）互联网思维的特征

互联网因其自身的特点而使互联网思维具备了丰富的特征，以其技术作为支撑形成的网状结构连接着不同的节点，这就表明互联网思维充分体现人们在互相交往和相互作用方面的社会关系，其表现为以下六个特征。

---

① 赵大伟. 互联网思维"独孤九剑"［M］. 北京：机械工业出版社，2014：4.

1. 大数据

大数据可以被认为是当没有办法使用常规软件在有限时间内进行数据采集时，所开展的收集和处理的数据集合，其出现的背景在于随着当前社会的不断发展，信息时代下数据库越来越全面，其中包含了与我们所需要探究的现象相关的大量甚至是全部的数据，并且我们从纷繁多样的数据中受益。

大数据的最大优点是其可以在短时间内收集最全面的数据，在过往的经历中，如果研究人员想要针对某一内容进行调查，则往往会出现样本数量和信息量少的问题，从而阻碍了数据的调查以及后期的汇总研究。那么大数据紧紧抓住这一"痛点"进行解决，准确获得研究对象的所有信息，从而对研究对象有了全面深刻的了解，对于客观标准性质的信息和模糊化的信息都可以进行最大程度的调查和解读。除此之外，面对海量数据，如何处理数据之间的关系以及进行合适的划分和取舍尤为重要，互联网思维在大数据的特征下指导人们从精确思维转向容错思维，这意味着在众多的数据下，绝对的精准不是唯一追求，不再囿于"确凿无疑"，如何允许一定的偏差以获得宏观层面最好的结果是研究人员的目标。互联网以网状结构呈现，这就表明大数据注重相关性，事物之间的直接相关以及在此背后的隐形关联都是需要探索和挖掘的内容，借助相关性分析和预测未来。

2. 零距离

零距离的意思是没有距离，或距离极近甚至可以忽略。互联网思维的零距离特点正表明了在互联网下人与物、人与人、人与社会的关系逐渐拉近，社会已经成为一张各物种之间相互作用的关系图。

互联网思维是一种开放性思维。社会发展、科技进步以及互联网的普及，现实生活中的信息资源越来越丰富，社会像一张开放的大网让信息有序通畅地交流，人与人之间的距离也逐渐拉近，个人则既是信息的接收者又是散布者。在这样的环境下人们自行遵循平等互动的原则进行交流，人人皆主人，表达观点和听取意见是个人的权力，也是对他人的尊重，而这个双向的信息交流，也让个人逐渐拥有话语权，感受到自己的力量。此外，零距离的特点还意味着借助跨界实现新的发展，突破和超越旧思维中因其陈旧和不合时宜而产生的局限性，在新的内容上实现创新，甚至是自我瓦解、剖析和重塑。对原有东西进行改造创新，需要将不同方向、不同内容的东西进行融合，从而实现跨界创新，要在不同思想内容的碰撞下，用新的火花实现新的发展。

3. 趋透明

趋透明这一特点在企业中多表现为信息的"透明化"，着重指明企业家为了在市场竞争中取得成功，需要及时准确、便捷高效地获取各种真实、透明、合理、有用的信息。而如果能够打造一个专业化的信息平台，企业家就可以更高效地实现上述目标，获得规律性的信息资源。

在便捷高效使用互联网的情况下，我们可以发现互联网因为不受时间和地域的约束限制而使得人人可以在网络上获取信息，对于即将公布的信息和已经获取到的信息都不存在封闭、遮掩的情况，而是通过开放的、透明的方式展现在大众面前。互联网的这一特性也加强了网络参与的公开和透明，例如政府网络平台的设立有利于人们了解政府的行为，并且实行监督，有利于人民群众履行自己的权利和承担自己的义务。

体现趋透明特点的企业单位充分展现了开放化、透明化，对内全员开放，对外亦是如此，而这一做法的终极目标则是将内部和外部资源进行有效整合，从而打造良好的积极的生态环境，提升企业的凝聚力和竞争力。

4. 慧分享

慧分享的重要意义在于将构建免费的共享资源的平台，坚持"以人为本"的理念，为大众创造多元的、同质的内容，从而让个人、群体都可以获取信息。

互联网盛行的时代下，全球化也是该时代的重要特点，而这一历史趋势是无法逆转、撤销、阻挡的。结合这一趋势的发展过程，互联网思维通过联系沟通的理念超越国家边界与各国进行往来，并且通过网络信息对世界各国和各地区的社会生活产生或大或小的影响，最显著的表现是近年来全球各国经济和文化的全球化，与此同时思想、政治、资源等也在向世界的每一个角落延伸。互联网思维中该特点的最有力表现是建立多样的满足人们要求和符合条件的平台，本质在于共同创造价值和共同分享价值，通过平台将同类碎片化的信息整合为一个整体，构成开放共享的系统，形成合力并服务于用户，大众既可以提供信息内容，又可以开发和使用。一个好的平台非常注重整合资源和搭建桥梁，实现最大程度利用资源，多方主体进行直接对接，减少不必要环节和对资源的浪费，实现资源社会化，助推各方实现发展。

5. 便操作

"操作"一词的释义为：以特定的程序和技术为指导开展活动或工作。互联网思维的便操作特点表明了操作无障碍。操作无障碍包含两个含义，一是指程序和技术操作没有困难，二是指程序和技术对各年龄阶段的用户都很"友好"。

互联网系统中存在很多节点，单独操作任何一个节点都不受外界的影响，某一时刻这些节点对全局起着关键性作用，但是又不是唯一和强制的，而把任何两个节点自由链接都会形成一个新的单元，进行新的工作。这种相互之间不限制和牵绊的、开放平等的结构则使得互联网成为被大众易于接受的内容。网络服务商搭建和提供可以供所有人参与的平台，平台内容由群众创造和提交发表，这样做的结果在于无论是专业人士还是在一些领域非专业的群众都可以参与到互动服务当中，降低了门槛，激发了大家的积极性。

6. 惠众生

惠众生理念主要指社会大众因互联网而受益，互联网思维也遍及人们生活的方方面面。

互联网的开放和现代网络的发展驱动下，互联网自身透明、共享的特点越来越显著，因此用户的参与率越来越高，参与群体的年龄跨度也越来越大，人们参与的成本也逐渐降低，无论是整块化时间还是碎片化时间，都可以参与到其中，这一行为的结果便是各类信息在全社会迅速传播蔓延。互联网转变了传统的固定时段的模式，没有了明显的时间限制和划分，平台每天都可以为用户提供二十四小时的全天候服务。不仅仅是时间，参与互联网的地域也不再是问题，在网络可以到达的地方，用户都可以参与到其中，并且可以通过多种途径获取资源。

（三）互联网思维核心要义

互联网思维起初由企业家所提出，不同的企业家有不同的观点，海尔集团创始人张瑞敏认为互联网思维是"零距离和网络化的思维"；前微软亚太研发集团主席张亚勤认为互联网思维分为三个层级，即"数字化、互联网化、互联网思维";企业家们结合自身情况，把握核心要素对互联网思维进行定义。因此，互联网思维具有较多的表达其本质的核心思维。下文将对用户思维、大数据思维、平台思维、跨界思维、迭代思维进行论述。

1. 用户思维

用户思维，简单来说就是"以用户为中心"，针对客户的各种个性化、细分化需求，提供各种针对性的产品和服务，真正做到"用户至上"。用户思维的重要性在于其是互联网思维的基础，市场经济条件下，各行各业要生存，用户思维是基本法则。企业不考虑客户所需，闭门造车，即使用尽心思，所供也注定难以抵达用户，更不用说锁定用户。具体表现在用户思维注重用户的"参与感"和"体验感"，无论是用户定期的信息反馈还是企业站在用户的角度考虑问题，都是对用户感受的重视，由此为企业和产品的发展提供根源，否则，企业的发展就会成为无源之水、无本之木。

2. 大数据思维

信息时代，数据的重要性不言而喻，2012 年是"大数据元年"，大数据以海量的数据规模、快速的数据流转、多样的数据类型和价值低密度等特征表现出前所未有的优势，改变着人们的生产生活方式和思维方式。大数据的本质就是通过对大量的数据的分析，精确用户的需求，提高用户的满意度。因此，数据获取后的分析至关重要，因为每一个数据中都蕴含着重要的信息，这些信息有助于加强对用户的了解和管理，从而可以为企业或产品的发展提供依据。

3. 平台思维

平台思维注重将"碎片化"信息进行多角度的整合，立足于整体性服务用户，人人均可共创共享价值。平台思维的精髓在于打造多主体的共赢互利生态圈。例如，论坛、会议、会展等就是平台，其聚合的资源包括信息、人才、技术、资本、人脉等，平台对各类资源进行整合，从而产生交互关系。

此外，运用平台思维的过程中，如何搭建一个好的平台至关重要。其必须满足以下三个要求：一是了解用户需求，保证用户利益。只有在全面掌握用户需求的基础上进行平台的搭建，才能确保平台真正做到服务于用户，进而保障用户及各方利益。二是拓宽原有条件，提供用户服务。为了满足所有人的需求，部分用户现有的条件无法对其进行支持，因此，最大程度地扩大范围将取得不错的效果。三是自由平等交流，提升整体功能。平台的设置重在消除"壁垒"，弥补碎片化信息的弊端，人们可以在平台上自由平等地交流、交往就是平台建设的重点，同时平台在满足多主体交互的交流圈的功能时，也要注重提高其整体功能，实现平台的优化和完善。

4. 跨界思维

目前，在互联网的发展推进下，各个行业之间的界限越来越模糊。所谓跨界思维，就是用多角度、多视野的方式看待问题、分析问题和解决问题，它也意味着一种交叉和跨越。跨界不在于不同行业的堆砌，而是"借智"，是对不同思维模式的学习和转换。思维跨界没有界限，在此基础上的创新永无止境。运用跨界思维，就要深入多个行业中进行了解，多角度、多层次、多维度地研究相关知识，从而实现创新性实践探索。例如，万科产业在淘宝 App 上卖房，其看重的是平台的价值，借助此 App 极大的普及度，以提升其知名度，并且获得相关客户的大量资料，推进房屋销售的后续进展。由此事例即可观察到，不同行业资源进行整合，通过创新方式方法达到目的，以获得更大的财富，发挥更大的价值。

5. 迭代思维

迭代即更替，迭代思维是指旧思想被新思想所取代，同时还可以根据现实情况来调节迭代的快慢，是一种不断反复的量变质变的过程。迭代是适应社会发展和用户需求的必然结果，以手机为例，系统更新就是最明显的迭代，随着社会中老年群体使用手机数量的不断提升，如何才能让老年人适应智能化的发展趋势是手机开发设计者需要考虑的问题，因此我们会发现"关怀模式"、"快键"、大号字体等便利化操作出现在生活中等，这都是在了解用户需求之后对旧内容做出的更新和补充。企业时刻关注用户需求，用户及时反馈个人需求，那么就可以推动产品不断完善。

（四）电子商务专业在互联网思维下的变革与挑战

在互联网思维的影响下，电子商务专业正面临着深刻的变革与挑战。

在教学内容方面，传统的电子商务知识体系已难以适应快速变化的市场环境。电子商务专业需要不断更新教学内容，引入最新的互联网技术和商业模式，培养学生的创新意识和实践能力。

在教学方法上，电子商务专业需要更加注重实践教学和案例教学。通过与企业合作，建立实践基地，让学生在实际操作中掌握电子商务的运营和管理技能。

电子商务专业还需要加强与其他专业的交叉融合。例如，与计算机科学、市场营销、物流管理等专业进行深度合作，共同培养具备跨学科知识和技能的复合型人才。

然而，这些变革也带来了挑战。一方面，教师需要不断更新自己的知识体系，提升教学水平；另一方面，学生需要适应新的学习方式和要求，不断提升自己的综合素质。同时，学校也需要加大投入，改善教学条件，为电子商务专业的发展提供有力保障。

二、互联网思维下的电子商务专业校企合作模式创新

在互联网思维的影响下，电子商务专业校企合作模式正经历着深刻的变革与创新。这些创新不仅体现在合作模式的构建上，更体现在技术运用和产学研深度融合等方面。

（一）以市场需求为导向的校企合作模式构建

传统的校企合作模式往往存在着一定的局限性，学校与企业之间的合作往往停留在表面，缺乏深入的市场洞察和实际需求对接。然而，在互联网思维的引导下，我们开始注重以市场需求为导向，构建更加紧密和高效的校企合作模式。

首先，学校需要积极与企业沟通，了解市场的最新动态和趋势，把握电子商务行业的发展方向。通过与企业共同研究市场需求，学校可以调整专业设置和课程设置，确保培养出的学生具备市场所需的知识和技能。

其次，学校可以与企业共同开展市场调研和需求分析，深入了解消费者的购买行为和偏好，为企业提供精准的市场定位和营销策略。同时，企业也可以为学校提供实践基地和实习机会，帮助学生更好地了解市场和行业，提高他们的实践能力。

这种以市场需求为导向的校企合作模式，能够确保学校与企业之间的合作更

加紧密和高效,培养出更多符合市场需求的高素质电子商务人才。

(二)基于云计算、大数据技术的校企合作平台搭建

随着云计算和大数据技术的快速发展,这些先进技术为校企合作提供了新的机遇。基于云计算和大数据技术的校企合作平台搭建,能够实现学校与企业之间的信息共享、资源整合和协同创新。

首先,通过云计算技术,学校和企业可以共同构建一个虚拟化的教学环境,实现教学资源的共享和优化配置。无论是学校的课程资源、实验设备还是企业的实践项目、行业经验,都可以通过这个平台进行共享和交流。

其次,大数据技术可以帮助学校和企业对海量数据进行分析和挖掘,发现潜在的市场机会和商业价值。通过对用户行为、消费习惯等数据的分析,学校和企业可以更加精准地把握市场需求,为产品研发和营销策略提供有力支持。

基于云计算、大数据技术的校企合作平台搭建,能够打破学校与企业之间的信息壁垒,实现资源的优化配置和高效利用,推动电子商务专业的创新发展。

(三)产学研深度融合的校企合作机制探索

产学研深度融合是校企合作的重要方向之一。在互联网思维的指导下,我们需要积极探索产学研深度融合的校企合作机制,推动学校、企业和科研机构之间的深度合作。

首先,学校可以与企业共同开展科研项目和技术创新活动,推动科研成果的转化和应用。学校的研究团队可以为企业提供技术支持和解决方案,帮助企业解决实际问题并提升竞争力。

其次,学校可以与企业合作建立实践教学基地和创新创业平台,为学生提供实践机会和创新空间。学生可以在这些平台上进行实践操作和创新实践,将理论知识与实际应用相结合,提升他们的实践能力和创新精神。

此外,学校还可以与科研机构加强合作,共同开展前沿技术的研究和探索。通过共享资源和信息、共同培养人才等方式,推动电子商务领域的科技创新和产业升级。

三、互联网思维下的校企合作模式实施策略

在互联网思维的影响下，电子商务专业校企合作模式的实施策略需要不断创新和完善，以适应快速发展的市场需求和人才培养目标。以下将从加强政策引导与资金支持、建立校企双方互利共赢的合作机制、强化师资力量与教学资源共享以及完善学生实践与创新能力的培养体系等四个方面进行详细阐述。

（一）加强政策引导与资金支持

政策引导和资金支持是校企合作顺利实施的重要保障。政府应出台相关政策，鼓励和支持学校与企业之间的深度合作，为校企合作提供制度保障。同时，政府还可以设立专项资金，对校企合作项目进行资助，降低合作成本，提高合作效率。此外，政府还可以通过税收优惠、贷款扶持等措施，激励企业积极参与校企合作，推动产学研深度融合。

学校方面也应积极争取政府和社会的支持，通过与企业合作申请科研项目、共建实验室等方式，争取更多的资金和资源支持。同时，学校还可以设立校企合作专项基金，用于支持校企合作项目的开展和人才培养工作。

（二）建立校企双方互利共赢的合作机制

建立校企双方互利共赢的合作机制是校企合作成功的关键。学校和企业应明确各自在合作中的责任和权益，建立长期稳定的合作关系。学校可以为企业提供人才培养、技术支持等服务，帮助企业解决技术难题和人才短缺问题；企业则可以为学校提供实践教学基地、实习机会等资源，帮助学生提升实践能力和职业素养。

同时，学校和企业还可以通过共同开展科研项目、联合培养研究生等方式，实现资源共享和优势互补，推动科技创新和产业升级。在合作过程中，双方应注重沟通和协调，及时解决合作中出现的问题，确保合作顺利进行。

（三）强化师资力量与教学资源共享

师资力量和教学资源是校企合作的重要支撑。学校应加强与企业的沟通和交

流，引进具有丰富实践经验和行业背景的企业人才担任兼职教师或开设讲座，为学生提供更为贴近实际的教学内容和指导。同时，学校还可以与企业合作开展教师培训项目，提升教师的实践能力和职业素养。

在教学资源方面，学校和企业应实现共享和优化配置。学校可以为企业提供教学设施、课程资源等支持；企业则可以为学生提供实践基地、实习机会等资源。通过资源共享，学校和企业可以降低成本、提高效率，实现互利共赢。

（四）完善学生实践与创新能力的培养体系

完善学生实践与创新能力的培养体系是校企合作的核心目标之一。学校应与企业合作制订实践教学计划和实践课程大纲，确保实践教学与理论教学无缝衔接。同时，学校还可以与企业合作开展各类创新竞赛、创业实践活动等，激发学生的创新精神和创业热情。

此外，学校还可以建立学生实践与创新成果展示平台，展示学生的实践成果和创新作品，提高学生的自信心和成就感。通过完善学生实践与创新能力的培养体系，学校可以培养出更多具有创新精神和实践能力的高素质电子商务人才。

通过对互联网思维下的电子商务专业校企合作模式的深入剖析，我们不难发现，这一模式不仅有助于实现学校与企业之间的资源共享和优势互补，更能推动电子商务专业的创新发展和人才培养质量的提升。在未来的发展中，我们应继续加强政策引导与资金支持，建立更加紧密和高效的合作机制，强化师资力量与教学资源共享，完善学生实践与创新能力的培养体系。相信在双方的共同努力下，互联网思维下的电子商务专业校企合作模式必将迎来更加广阔的发展前景和更加丰硕的合作成果。

第三节　基于工作室的电子商务专业校企合作模式的探索

一、工作室模式的应用背景

工作室模式是一种以实践操作为核心，将理论教学与实践教学紧密结合的教育模式。在电子商务专业中，工作室模式的应用背景主要体现在以下两方面：首先，随着电子商务行业的快速发展，市场对具备实际操作能力和创新思维的人才需求日益增长。传统的理论教学已难以满足这一需求，而工作室模式通过提供真实的工作环境和实践机会，使学生能够在实践中学习和成长，更好地适应市场需求。其次，工作室模式强调产学研一体化，通过与企业合作，将行业前沿技术和市场动态引入教学中，使学生能够接触到最新的电子商务技术和应用。这种紧密的合作机制不仅有助于提升学生的实践能力，而且有助于推动电子商务行业的创新与发展。

因此，工作室模式在电子商务专业中的应用具有重要意义，能够为学生提供更加贴近实际的学习体验，培养具备实践能力和创新思维的高素质电子商务人才。

二、工作室模式的理论基础与构建原则

（一）工作室模式的理论基础

工作室模式作为一种创新的教育模式，其理论基础涵盖了产学研一体化理论、创新创业教育理念以及实践教学与理论教学的融合。

首先，产学研一体化理论是工作室模式的重要支撑。该理论强调产业、学术和研究的紧密结合，通过产学研合作，实现资源共享、优势互补和互利共赢。在工作室模式中，学校与企业合作，将企业的实际需求和技术资源引入教学中，同时学校为企业提供人才培养和技术支持，形成产学研的良性互动，共同推动电子商务行业的发展。

其次，创新创业教育理念是工作室模式的核心理念之一。在电子商务领域，创新是行业发展的核心动力，而创业则是实现创新成果转化的重要途径。工作室模式通过提供创新创业的实践平台，培养学生的创新思维和创业能力，使他们能够在未来的职业生涯中具备更强的竞争力和创新能力。

最后，实践教学与理论教学的融合是工作室模式得以实现的关键。传统的电子商务教学往往过于注重理论知识的传授，而忽视了实践能力的培养。工作室模式通过将实践教学与理论教学相结合，使学生在掌握理论知识的同时，能够在实际操作中运用所学知识，提升实践能力。这种融合不仅有助于提高教学效果，还

有助于培养学生的综合素质。

（二）工作室模式的构建原则

在构建基于工作室的电子商务专业校企合作模式时，我们必须坚持以下四个核心原则，以确保模式的成功实施和持续发展。

首先，市场导向原则。市场是检验教育成果的最终标准，因此工作室模式的构建必须紧密围绕市场需求进行。这要求学校与企业保持紧密的沟通与合作，及时了解行业前沿技术和市场动态，确保教学内容和方式能够紧跟市场步伐。同时，学校应定期评估市场需求，根据市场变化调整教学内容和教学方法，确保培养出的电子商务人才能够满足市场需求。

其次，资源共享原则。资源共享是校企合作的基础，也是实现互利共赢的关键。学校与企业应充分利用各自的资源优势，实现资源共享。学校可以为企业提供教学场地、师资力量等教学资源，而企业则可以提供实践平台、技术资源等。通过资源共享，双方可以降低合作成本，提高合作效率，共同推动电子商务人才的培养。

再次，互利共赢原则。校企合作是一种双向互动的过程，需要双方共同努力和付出。因此，互利共赢是构建工作室模式的重要原则。学校通过校企合作可以获得更多的实践教学资源和机会，提升教学质量和人才培养水平；企业则可以通过合作获得更多的人才支持和技术创新成果，推动企业发展。在合作过程中，双方应充分考虑对方的利益和需求，实现合作共赢。

最后，灵活性与创新性原则。电子商务行业具有快速变化的特点，因此工作室模式必须具有灵活性和创新性。在合作过程中，双方应根据市场变化和技术发展及时调整合作内容和方式，保持合作模式的活力和竞争力。同时，双方还应积极探索新的合作模式和方法，如开展联合研发、共建创新平台等，以适应不断变化的市场需求和行业发展趋势。

三、基于工作室的电子商务专业校企合作模式构建

（一）工作室模式的组织架构与运行机制

在构建基于工作室的电子商务专业校企合作模式时，组织架构的设立与职责

划分以及运行机制的建立与完善是至关重要的环节。

1. 组织架构的设立与职责划分

工作室模式的组织架构通常采用"学校—工作室—企业"三层级架构。学校作为顶层管理者，负责制定总体发展规划、监督工作室运行，并提供必要的支持和保障。工作室作为中间层，是校企合作的核心载体，负责具体的教学实践、项目研发以及与企业对接等工作。企业作为底层参与者，提供实践平台、技术支持和市场需求反馈。

在职责划分方面，学校需设立专门的工作室管理机构，负责统筹协调工作室的设立、运行和管理。工作室需配备具有丰富实践经验和教学能力的教师团队，负责指导学生进行实践操作、项目研发，并与企业保持紧密沟通。企业则需指派专业人员参与工作室的教学活动，提供技术支持和市场需求信息，并与学生共同开展项目研发。

2. 运行机制的建立与完善

运行机制的建立与完善是确保工作室模式有效运行的关键。首先，需要建立校企合作的长效机制，包括定期召开校企合作会议、建立信息共享平台、制定合作规范等，以确保双方能够保持紧密的合作关系。

其次，需要完善工作室的管理制度，包括学生选拔与考核机制、项目管理制度、经费使用制度等，以确保工作室的教学活动能够有序进行。同时，还需要建立激励机制，对在工作室表现优秀的学生和教师给予表彰和奖励，激发其参与校企合作模式的积极性和创造力。

此外，还需要建立教学质量监控与评估机制，定期对工作室的教学活动进行评估和反馈，及时发现问题并进行改进。通过不断完善运行机制，可以确保工作室模式在电子商务专业校企合作中发挥更大的作用。

在实际操作中，工作室的运行机制还需注重以下四个方面。

一是实践项目的开发与实施。工作室作为校企合作的核心平台，应围绕电子商务行业的实际需求，开发具有实际应用价值的实践项目。这些项目可以来源于企业的真实需求，也可以是学生或教师的创新想法。通过项目的实施，学生可以深入了解电子商务行业的运作机制，掌握实际操作技能，并积累宝贵的实践经验。

二是企业导师的引入与指导。为了使学生更好地了解企业运作和市场需求，工作室应邀请企业导师参与教学活动。企业导师可以为学生提供行业前沿信息、分享实际工作经验，并指导学生进行项目研发。通过与企业导师的互动，学生可以更好地了解电子商务行业的最新动态，提升职业素养和综合能力。

三是学生团队的建设与管理。工作室模式下的教学活动通常以团队形式进行，因此学生团队的建设与管理至关重要。学校应选拔具有创新精神和实践能力的学生加入工作室，并根据学生的特长和兴趣进行分组。同时，还需要建立有效的团队管理机制，明确团队成员的职责分工，确保团队能够高效协作，共同完成实践项目。

四是教学资源与设施的共享。为了实现资源共享和互利共赢，工作室应充分利用学校和企业的教学资源与设施。学校可以提供教学场地、实验设备等基础设施，而企业则可以提供实践平台、技术支持等资源。通过资源的共享，可以降低合作成本，提高教学效率，同时也有助于双方建立更加紧密的合作关系。

综上所述，通过合理的组织架构和有效的运行机制，可以确保工作室模式在电子商务专业校企合作中发挥最大的作用，培养出更多符合市场需求的高素质人才。

（二）工作室与企业对接方式及合作内容

在构建基于工作室的电子商务专业校企合作模式时，工作室与企业的对接方式及合作内容的确定与开展是关键环节。这些环节直接影响到校企合作的深度和广度，以及最终的教学质量和人才培养效果。

1. 对接方式的选择与实施

对接方式的选择是校企合作的第一步，它需要根据双方的实际情况和需求进行灵活调整。常见的对接方式包括定期交流、项目合作、共建实习基地等。

定期交流是一种基础的对接方式，可以通过举办座谈会、研讨会等活动，加强学校与企业之间的沟通与了解。这种方式有助于双方建立互信关系，为后续的合作奠定基础。

项目合作是更为深入的对接方式，学校和企业可以围绕某个具体项目展开合作，共同研发、推广。这种方式能够充分发挥双方的优势，实现资源共享和互利共赢。

共建实习基地则是一种长期稳定的对接方式，学校和企业可以共同建立实习基地，为学生提供实践平台。通过实习，学生可以深入了解企业的运作流程和技术需求，提升实践能力和职业素养。

在实施对接方式时，双方需要明确各自的职责和任务，确保合作能够顺利进行。同时，还需要建立有效的沟通机制，及时解决合作过程中出现的问题。

2. 合作内容的确定与开展

合作内容的确定是校企合作的核心环节，它需要根据双方的需求和资源进行精心策划。在电子商务专业背景下，合作内容可以包括人才培养、技术研发、市场推广等多个方面。

人才培养是校企合作的重要内容之一。学校可以邀请企业参与课程设置和教学改革，共同制定人才培养方案。企业则可以提供实践平台和就业机会，帮助学生更好地融入社会。

技术研发是校企合作的另一重要领域。学校和企业可以共同开展电子商务技术的研究和创新，推动行业的技术进步和应用发展。

市场推广也是校企合作的重要方向。学校和企业可以合作开展电子商务产品的市场推广活动，提升产品的知名度和影响力。

在合作内容的开展过程中，双方需要建立有效的合作机制，确保各项任务能够按时完成。同时，还需要加强成果的评估和反馈，及时总结经验教训，为后续的合作提供参考。

此外，为了确保合作内容的顺利实施，双方还需要制订详细的合作计划和时间表，明确各项任务的负责人和完成时间。同时，建立合作成果的评估和反馈机制，定期对合作进展进行检查和总结，及时发现问题并进行调整。

综上所述，通过选择合适的对接方式、明确合作内容并精心组织实施，可以实现学校与企业之间的深度融合和互利共赢，为电子商务专业的人才培养和技术创新提供有力支持。

（三）工作室在人才培养中的作用与效果

工作室作为电子商务专业校企合作的重要载体，在人才培养中发挥着不可替代的作用。通过制定与实施针对性的人才培养方案，以及后续的评估与反馈，工作室有效促进了学生综合素质的提升和专业技能的掌握。

1. 人才培养方案的制定与实施

工作室在制定人才培养方案时，紧密结合电子商务行业的发展趋势和企业的实际需求，确保方案的前瞻性和实用性。具体而言，方案涵盖了课程设置、实践教学、师资配备等多个方面。

在课程设置上，工作室注重理论与实践的结合，增设了电子商务案例分析、网络营销策略等实用性强的课程，使学生能够更好地理解电子商务的运作机制。同时，工作室还与企业合作，共同开发课程，引入行业前沿知识和技术，确保教学内容与市场需求保持同步。

在实践教学方面，工作室充分利用企业的实践平台和资源，为学生提供了丰富的实践机会。通过参与企业的实际项目，学生能够深入了解电子商务的运作流程和技术要求，提高解决实际问题的能力。此外，工作室还定期组织学生进行市场调研、数据分析等活动，培养学生的市场洞察力和数据分析能力。

在师资配备上，工作室聘请了具有丰富实践经验和教学能力的教师和企业导师，共同指导学生进行学习和实践。这些教师和企业导师不仅能够为学生提供专业的指导，还能够传授行业内的经验和技巧，帮助学生更好地适应市场需求。

2. 人才培养效果的评估与反馈

为了确保人才培养方案的实施效果，工作室建立了一套完善的评估与反馈机制。首先，通过定期考核和测试，对学生的理论知识和实践技能进行评估，了解学生的学习进度和掌握情况。其次，通过企业实习和就业情况反馈，了解学生的实际应用能力和市场需求匹配度。最后，通过问卷调查和访谈等方式，收集学生和企业的意见和建议，对人才培养方案进行持续改进和优化。

评估与反馈机制的建立，使得工作室能够及时了解人才培养的效果和存在的问题，并针对性地采取措施进行改进。例如，针对学生在实践中暴露出的问题，工作室可以调整课程设置或增加实践环节；针对企业的反馈意见，工作室可以优化人才培养方案或加强与企业的合作。

通过制定与实施针对性的人才培养方案，以及完善的评估与反馈机制，工作室在人才培养中取得了显著的效果。学生的综合素质得到了提升，专业技能得到了掌握，就业竞争力得到了增强。同时，工作室也为企业输送了大量优秀的人才，推动了电子商务行业的发展。

综合而言，基于工作室的电子商务专业校企合作模式的实施，打破了传统教育的界限，让学校与企业之间建立起更为紧密的联系，共同为电子商务行业的发展贡献力量。通过工作室这一平台，学生得以在实践中学习，在学习中实践，真正实现了知行合一。他们在这里接触到最前沿的电子商务技术，体验到最真实的职场环境，从而更加明确自己的职业方向和发展目标。同时，企业也通过工作室这一窗口，深入了解了学校的教学水平和学生的能力素质，为选拔优秀人才提供了更为便捷的途径。校企之间的深度合作，不仅提升了双方的社会影响力和市场竞争力，更为电子商务行业的持续健康发展注入了新的活力。

第四节　以创新创业为导向的电子商务专业校企合作培养模式

在校企合作的模式下，能够确保理论与现实协同发展，达到良好的教学效果。在教学过程中应该明确学生学习过程中的薄弱点，大力开展创新创业教育，以实验室建设为根基，以相应的具体项目建设为驱动，孵化优秀项目，完善内部的创新创业人才培养体系。

一、创新创业的基本认识

（一）创新与创业的耦合关系

大学生创新精神推动着他们积极参与创业活动，而创业精神则为大学生提供了一个实践和应用他们创新精神的平台。这种相互推动的关系促进了创新和创业的发展，也为社会和经济的进步提供了新的动力。

1. 创新精神推动创业

创新精神在大学生创业过程中发挥着重要的推动作用。大学生创新精神与创业精神相互促进、相辅相成。通过技术创新，即开发新产品或服务的新流程，大学生创业者可以获得战略优势。在一开始的阶段，成功实施创新的企业可能是唯一运用该创新手段的企业，因此可以预期获得垄断利润。然而，当其他企业发现这一创新技术并开始模仿时，整个产业的生产力会得到进一步提升，大量新思想也会涌现出来，导致垄断利润逐渐减少并最终达到平衡。随后，新的创新循环开始。

在创新过程中，有创新目的的大学生需要一定的经济利益来支持创新技术的研发。大学生创业者在追求新的利润增长点的驱动下，需要不断进行创新以实现垄断利润。创新者在寻找创新点的同时，也需要进行创业活动来持续支撑创新的实施。创新不仅是竞争的工具，而且是保障成功的基础。因此，创业推动创新成为新时代创业浪潮最典型的特征之一。

大学生创业者通过创新精神能够在竞争激烈的市场中脱颖而出。他们通过开发新产品或服务，提供独特的价值主张，满足市场需求。技术创新使得他们能够提供更高质量、更高效率的解决方案，从而在市场上获得竞争优势。创新还可以帮助他们降低成本、提高效益，从而增强企业的可持续发展能力。此外，创新精神也激发了大学生创业者的创造力和冒险精神。他们愿意尝试新的想法和方法，并且敢于面对失败和风险。创新需要勇于突破传统思维和现状的束缚，大胆地探索新的商业机会和模式。通过创新精神的引导，大学生创业者能够在竞争激烈的市场中寻找到独特的发展空间，实现个人和企业的共同成功。

总之，创新精神推动着大学生创业者在市场中取得竞争优势。通过技术创新，他们能够实现垄断利润，但随着其他企业的模仿和竞争，创新的价值逐渐减少。然而，创新精神仍然是推动创业成功的重要因素，它激发了大学生创业者的创造力、冒险精神和持续创新的动力，使他们能够在竞争激烈的市场中不断创造价值，实现个人和企业的共同成长与发展。

2. 创业精神推动创新

创业精神对大学生创新有着积极的推动作用。具体如下：

第一，创业意识和机会识别。创业精神有助于大学生培养对机会的敏感性，他们更容易发现社会和市场上的问题，并能够提出创新解决方案。这种意识激发了创新的初步阶段。

第二，创新思维。创业过程需要不断思考和解决问题，这就促使大学生养成创新思维的习惯。涉及此外，也激发大学生创业者的创新精神和冒险精神。总之，创新精神推动着大学生创业者赢得竞争优势。这就使他们会考虑多种多样的方法和策略来解决挑战，以促进创新。

第三，实践经验。创业精神鼓励大学生积极参与实际项目，这提供了实际的经验，帮助他们了解创新的全过程，从构思到实施。这种经验有助于培养他们的创新能力。

第四，风险意识和韧性。创业精神强调承担风险的能力和应对不确定性的韧性。大学生创业过程中学会承受失败和挫折，这使他们更愿意承受创业过程中的失败和挫折，从而更有可能坚持下去。

第五，创新资源和网络。创业精神有助于大学生建立广泛的社会和商业联系，获得资源和支持。这些联系将为他们提供资金、导师、合作伙伴和市场机会，加速其创新发展。

第六，社会影响。创业精神鼓励大学生关注社会问题和可持续发展，这促使他们创造创新解决方案，为社会带来积极的影响。

（二）创新创业教育的内涵

"创新创业教育概念提出代表了中国高等教育改革发展的重要方向，其理论意义在于承认每个学生都具有创新创业潜能，其实践意义在于引导每个学生都成为创新创业人才并促进高校教育教学范式转型。"①

1. 创新教育的内涵

创新教育是一种增强创业能力以及丰富创新能力的新型教育形式，反映的是社会发展的新需求。此新型教育形式包含两个方面：一方面是对整体经济环境的了解和分析能力；另一方面是其他方面的相关能力。例如，基本的学习知识能力及其相关方面的利用，或者是商机预测能力及创新活动能力，甚至是风险管控以及合作能力。在实践过程中，创新教育需要多方面考虑，而不是只沿用历史教育

---

① 王洪才. 创新创业教育：中国特色的高等教育发展理念 [J]. 南京师大学报（社会科学版），2021（6）：38.

发展过程中既定的内容；还需要懂得创新教育发展的相关规定，以及创新教育的变革和将来的发展路程。

创新教育是让人学会创新，运用所创新的东西。以人为本的创新才能更好地拓展思维、提升能力，才能真正提高教育水平，才能被称为真正意义上的创新教育。高校是我国培育人才的基地，尤其是创新型人才。创新教育在让学生拥有更多探寻精神的同时，对其相关知识的实践能力也有很大帮助。

学校的创新教育不是只知道先人的思想，而是包含多方面，如让学生学会自主学习、不断改变个人的思维模式、喜欢思考等。真正的创新能力，是一种综合技能，需要人们在创新过程中学会观察，懂得分析和应用，注重个人整体实践能力以及自身的提高与创新。另外，创新能力不是一个人的存在认识和实践，而是一个人的自主创新能力和社会经济环境的相辅相成与相互促进。

创新教育是随着时代变化而发展出来。高等教育顺应历史潮流发展，是对原有教育模式的变革，其中培养创新能力与创新精神是各大学校提倡的创新教育的中心。创新教育是给学生创造出一个可以提高学生兴趣、激发学生潜能与创造力的环境。因此，高校可以通过制定完美与健全的教育体系和实践基地，发掘学生的潜力，挖掘学生的创造力，让学生养成自主学习的习惯，同时使他们学会学以致用，这个环境是当代各大高校对教育体系改革和教育教学内容的改变，是对教育价值体系的再探索，也是高等教育创新的方向。

2. 创业教育的内涵

创业教育是一种新型的教育思想，经过多年发展已经拥有一定成绩。创业教育需要不断开发学生的创新能力与创新精神，基本素质才会有质的改变，是在新时代经济环境下必须具备的。当然，这种理论也是与知识教育环境相对应的一种新型教育观念。创业教育存在广义和狭义两个方面：从广义而言，创业教育是强调在当前环境下造就更多的创业人员，他们对于普通创业者存在很多优势。例如，创新与创造能力更佳、拥有自主的创新精神和强烈的探险意识。从狭义而言，创业教育所致力的是学生的基础教养与素质。例如，创新思想与创新思维能力等，以这些基础素质为主要内容，方便学生在离开校门走向社会以后，可以有更好的机会进行创业，有更好的创业基础，可以让学生创业走捷径并做出成绩，是让学生从大众思想上单纯找工作转换成为更多人创作工作岗位的教育，是一种整体而又综合的教育。

总而言之，从大方面来观察会发现，创新教育有非常多的优势，一方面可以直接提升高校学生的整体创业素质与创新精神和各方面的组织能力；另一方面创业教育是如今解决大学生就业难的一个途径，很大程度上能够缓解社会就业压力，对于当代各大高校学生而言非常重要。

3. 创新教育与创业教育的关系

创新教育属于一种新式的教育模式，主要作用是培养高校学生的创新能力、创新意识以及精神，让学生各方面协同发展是其主要目的。创业教育具体而言，是一种教育活动，主要是让高校学生有自主意识地进行创业，从而增加学生的创业能力，强调创业人员以及创业知识。虽然，创新教育在一定程度上和创业教育存在重合点，但并不是指它们之间可以相互代替和等同。

（1）创新教育与创业教育内容相通、目标一致且功能相同。创业教育和创新教育相辅相成，相互交融，创业是创新的基本。从广泛意义上而言，创业过程中的实践成果是说明创新或创业是否成功的一个标杆；反之，创新所呈现出的形态是创业。创业是否成功，关键是应有一个良好的措施。创新教育是一种新式教育，提倡增强学生的探索创新能力，也是其终极目标。创业教育强调的是高校学生要有创业思维与意识，从而增强创业能力，提倡基础知识的普及。创业教育和创新教育两者之间有互相推动的作用，也有相互克制的地方。

创新教育是对教育所属的功能意义进行定位，是一个全方位以及根源性的教育变革，高等教育在当代新经济形势的发展情况下有新的要求，各大高校需要培育更有探索精神及创业思维的人才，提高他们的创业素质。因为在新时代经济迅猛发展的同时，只有拥有高素质的人员，才能跟上社会经济的发展步伐。

（2）创业教育是创新教育的深入与强化。创业是一种新形式的创新，创新必然在创业中有所体现，创新是创业的根基。社会经济主体在进行创业时需要有稳固的基础，这个基础是在创业时勇于冒险、勇于突破，具有创新与冒险思维，更为重要的是有绝佳的管理能力。因此，要成为创业者，必须具有各方面的能力，具备这些能力才能做好管理方面的工作以及扮演好相应角色，也是创新教育必须不断深入，从而演化为具体的创业教育的原因。因此，创业教育在各大高校中需要广泛普及。

总而言之，对于创业教育而言，创业教育与创新教育相辅相成、相互克制的同时，也是相互融合又相互统一。各大高校对学生实施创业教育，一定意义上是让学生可以更好完成创新教育。

（三）创新创业教育的本质

1. 创新创业教育是新型素质教育

高速发展的信息时代，让高等教育走向大众化、普及化，而创新创业教育是当今时代高等教育发展的必然走向。当前，世界各国都十分重视创新创业教育对国家经济发展的作用，我国亦不例外，创新创业教育已成为我国教育改革的突破口，受到学界广泛关注。

素质教育是在传统教育基础上更新而来，是对传统模式的反思成果。素质教育相较于守业教育，呈现出明显的综合化、全面化倾向，其教育目标是提升受教育者的综合能力，实现人的全面发展。

创新创业教育是知识型时代、数字化时代下发展的新型教育模式，标志着高等教育进入全新阶段。创新创业教育的出现推动了素质教育的变革，让素质教育升华为与时俱进的实践教育。创新精神、创业能力等是新时代人才的重要素养。为了顺应时代需求，创新创业教育应该开展具有创新性、实践性等特征的教学活动。创新创业教育是素质教育在新时代需求驱动下的更高层次深化、延伸。

2. 创新创业教育是四创合一教育

创新创业教育是创造、创新、创业、创优四创合一教育，其目的是培养学生的创造性思维、创新精神、创新能力、创优意识，最终目标是实现人的全面发展。创造是一种思维方式，创造需要经过新想法的提出、新理论的建构、新产品的生产等，从无到有的过程；创新是一种发展能力，以现有的思维模式对现存事物的重新发现、重新认识，所有有价值的新事物、新思想的诞生都可以看作创新成果；创业是创新和创造进一步发展的结果，将创新、创造结果应用到管理或技术上产生一定经济效益，在现代社会创业中被视为一种生存方式；创新创业教育所培养的是一种精神品质，是创造、创新和创业的升华。

所有新的物质或精神成果都属于创新，而试图将创新性成果落实的活动过程就是创造；利用商业机会和社会资源将这种创新性成果应用于生产活动动态过程就是创业，其贯穿于创造与创新的始终。

3. 创新创业是教育体系的一部分

创新创业教育模式是一种新型教育模式，但并不是对传统教育全盘否定的模式，而是在传统教育基础上延伸、发展而来的教育模式；创新创业教育对固化、刻板的传统教育进行改造，更强调"综合式教育"，即强调基础教育与职业教育、继续教育有机融合，又关注知识理论、实践技能、情感体悟的共同开发。

（四）创新创业教育的特征及作用

1. 创新创业教育的特征

高校创新创业教育是当前教育体系中备受关注的重要组成部分，创新创业教育的特征主要包括以下五方面。

第一，创新创业教育强调实践导向。与传统教育注重理论知识传授不同，创新创业教育更加注重学生在真实场景中的实践经验。通过项目实训、实地考察、模拟创业等方式，学生能够深入了解创新创业的过程，提升解决实际问题的能力，培养实际操作的技能。实践导向的特征使学生在学习中更具针对性，更容易将所学知识应用于实际生活和工作中。

第二，创新创业教育强调跨学科融合。在传统学科之间，创新创业教育打破了学科壁垒，将不同领域的知识融合在一起，这种跨学科的特征使得学生能够从多个维度来看待问题，形成全局性的思维，更好地适应复杂多变的社会环境。跨学科融合不仅拓宽了学生的知识视野，而且促使他们在解决问题时能够更全面、更有创造性地思考。

第三，创新创业教育注重团队合作。创新和创业往往需要集体的智慧和团队的协同努力。因此，创新创业教育强调培养学生的团队协作精神和沟通能力。学生在团队中共同面对挑战、合作解决问题，能够更好地理解和应用团队力量，这种团队合作的特征有助于培养学生的领导力、组织协调能力，使其在未来的创新创业过程中更具竞争力。

第四，创新创业教育具有开放性和灵活性。创新创业是一个充满不确定性和变化的过程，因此，创新创业教育注重培养学生的应变能力和创新思维。教育过程中注重开放性的特征使得学生更能够接受多样的思想和观点，灵活性则使得教育过程能够更好地适应社会的变革和创新需求，这种开放性和灵活性的特征使得高校创新创业教育更具有适应性和前瞻性。

第五，创新创业教育强调学生的主体性和自主性。传统的教育模式往往是教师主导，而创新创业教育更注重激发学生的主动学习意愿。学生在课程中具有更多的选择权，能够根据个人兴趣和发展方向进行学习规划，这种主体性和自主性的特征培养了学生的独立思考能力和自我管理能力，使他们更具有创新创业的拓展性和独立性。

总而言之，创新创业教育的特征在于实践导向、跨学科融合、团队合作、开放性和灵活性，以及学生主体性和自主性，这些特征共同构成了创新创业教育的独特风貌，使其成为培养具有创新创业精神和实践能力的高素质人才的有效途径。通过深入了解和分析这些特征，可以更好地引导和推动高校创新创业教育的发展，更好地满足社会对于人才的需求。

2. 创新创业教育的作用

教育理念推动教育实践，创新创业教育会对社会发展、教育发展和人的发展产生深远影响。培养创新创业型人才，既促进了社会进步与发展，又促进了教育改革与发展，更促进了人的自由而全面的发展。创新创业教育的作用主要包括以下三方面。

第一，社会发展作用。创新创业教育对社会的发展起着重要作用。一方面，创新创业教育可以使学生对就业和创业做好准备，缩短毕业和就业的空窗期；另一方面，创新创业教育可以提升科技创新能力，促进我国的自主创新能力发展。高校不仅是培养人才的摇篮，更是实现科技创新的密集地。因而，高校要引导学生将创新转化为现实的生产力，使大学生不仅要成为一个知识的拥有者，更要成为一个社会发展的推动者，形成经济增长与就业增长的良性互动。

第二，教育发展作用。创新创业教育对高等教育的持续健康发展起着重要的作用。高等教育要走出传统教育理念的局限性，实施创新创业教育是必然选择。大学创新创业教育要确立"宽口径、厚基础、综合化"的模式，使学生的知识、能力与素质全面发展，科学精神与人文素养相融合；改革现有的专业课程体系，优化学生的知识结构，推进教育方法的启发性和参与性；不断探求教学管理体制如实行选课制、学分制，使学生的创新性和创造性得到发挥。

第三，人的发展功能。创新创业教育更关系到人的发展，有助于大学生树立正确的人生观和价值观，形成社会责任感，激发学习积极性，促进其全面发展。高校创新创业教育要坚持以人为本，要帮助学生规划自己的职业生涯，尤其是在大学阶段的奋斗目标，学会处理与社会、他人、集体的关系，不断升华和完善自身。大学创新创业教育能够开发潜能，培养学生的创新性思维方式，提高其适应力、创造力、学习力与竞争力。因此，创新创业教育既能培养大学生健全的人格，又有益于人的全面发展，其将成为人类发展的源泉。

（五）创新创业教育的原则

第一，"全程性"与"分层性"共同结合的原则。创业创新教育要发展得好，必须具备开放性与延续性的特点，也是终身教育系统的重要组成因素。全程性体现在大学创业创新教育阶段的开放性与延续性。高校需要将创业创新教育的目标与其专业教学体系相结合，更好地培养全面的创业创新教育人才。高校创业创新教育在不同的时期应当具有不同的侧重点。在刚进入大学时期，应当先让学生充分了解创业创新，应该重点培养创业者的创业意识，让他们掌握相关内容的基础知识。在学生具有创业创新意识后，应当有针对性地开展技能培训教学，并且不断提高学生在创业过程中的意志力、创业能力与综合素质。在培养高校毕业生时，高校应当重视教育延续性的特点，实施创业创新教育人才培养，由全面人才培养到重点的创业创新人才培养。要达到更好的发展创业创新教育目标，需要将高校创业创新教育落到实处，发挥其最大作用。

第二，"理论"与"实践"共同结合的原则。高校在开展创业创新人才培养计划时，要重点关注理论与实际相结合。高校在培养创业创新人才过程中，不仅需要加强理论课程的教学培养工作，增强学生的创业创新意识，提升学生的创业创新能力，还需要根据创业者的自身特点，指导学生开展实践，并且积极号召学生参加创业创新活动，提升他们的创业创新能力，做到理论与实际相结合。

第三，"开放"与"协同"共同结合的原则。高校受到教育资源分配与资源有限等问题影响，要获取有利于培养创业创新教育人才的优质资源，高校应该坚持开放办学，并与各部门创立共同创新体制机制；还应该为了培养创业创新人才，建立创业协同机制，将各部门的职能步调统一，从而促进创业创新教育的长久发展。

（六）高校创新创业教育的意义

"创新创业教育作为高等教育改革发展的突破口和新方向，要扎实推动协同育人在创新创业课程建设、教学方法、教师队伍、人才培养等方面的创新和培养工作，提升创新创业教育工作的规划与教学改革创新能力，更好促进创新创业教育发展，为学生提供良好的就业与发展机会，为经济社会发展提供人才智力支撑。"[①] 创业创新教育在经济、文明高度发达的现代社会，是传统高等教育适应时代需求后的必然发展方向，它深刻影响着国家经济、政治、文化的发展，是一个国家、一个民族兴旺发展的内在动力。如今，创新创业教育已经成为各国教育的重点、要点，也是影响综合国力的重要因素之一。

1. 社会经济意义

（1）创新创业教育是知识经济时代的客观需要。

目前，随着以微电子技术、计算机应用技术、多媒体技术、卫星和光缆为载体的通信技术为核心的信息技术的发展以及全球经济一体化的推进，知识经济已在世界范围内兴起。在知识经济时代，综合国力的强大，与科学技术新知识总量在国际上所占的份额、创造新知识的优秀人才总量在国际上所占的份额等，有重要关系。因此，面对知识经济的浪潮，培养创新创业型人才已成为紧迫问题。高等教育作为整个教育体系的最高层次，在知识经济时代处于核心地位。

知识经济时代，社会支持、鼓励广大学生创业，创造新产业，创造新的工作岗位。高校必须实施创新创业教育，培养学生的创新意识和创业能力，才能让中国在不断适应时代潮流中实现自我发展。需要学校把教育的重点转移到创新创业教育上来，转移到培养创新创业人才上来。建立面向全民的创新创业教育系统是一项紧迫的任务。开发在校大学生的创新创业智慧，引导、鼓励他们在"创中

---

① 葛茂奎，张然，许春蕾，等. 基于协同育人视角下创新创业教育课程与实践体系研究［J］. 经济师，2022（3）：154.

学，学中创"，将加快创新创业型人才的培养进程。

工业时代给人才培养带来了两大主要挑战：①对人才的创新能力提出了更高的要求，人类在生产活动中身份在转变，人类已不是传统的服务者角色，而是扮演着全新的指挥者、决策者和规划者的角色，这也对人才提出了更高层次的要求；②智能化带来的天然劳动力让企业人才需求下降，与之相伴的就是高校学子就业率不断降低，市场人才过剩成为常态。因此，创新创业型人才培养是教育发展的必然趋势，创新创业教育能为社会提供更多新型人才，也能为社会创造更多新职位。创新创业教育是知识经济时代的制高点，能有效提升国家在未来的经济、文化竞争中的竞争力。目前，智力资本、人才资本已经成为当今时代企业竞争的重要资源，因此，为适应时代发展，企业的管理者更需要具备创新意识，用创新的眼光透视市场，及时把握市场机会。

（2）创新创业教育是经济持续增长的内在动力。

随着社会生产力的不断发展，技术和教育成为新时代衡量社会经济增长的测算指标，即"技术进步指数"。一般而言，经济增长的四要素主要包括：①制度架构或制度资本；②自然资源禀赋；③劳动力；④土地。知识经济是促进经济增长的主要动力。创新创业教育培养出的创新型人才能有力推进国家经济发展，为国家的繁荣与强盛提供源源不断的发展动力，创新创业教育是维持当今时代社会经济持续增长的内在动力。

2. 实际发展意义

（1）创新创业教育能够促进教育思想转变。

高校要把创新创业教育实质性精神融入学校整体的教育管理和具体教学过程，围绕创新创业教育重新构建适应时代需求的人才培养模式，在创新知识与创新技能的吸收中激发学生的个性与潜能，推动学生全面发展，并将这一理念推广到整个高等教育内部，推动国家建设创新型教育思维和教育模式，进而深化当代素质教育，确立以培养创新意识为目的的新时代教育理念。

高等教育要进行教育观念的更新和教育思想的转变，只有这样才能实现中国高等教育真正意义上的跨越式发展。高等教育要在创新创业教育思维、知识和方法上取得有价值的全新成果，培养高素质创新创业人才，不仅要提高广大教师自身的综合素质，更为重要的是使每一位教师充分认识到自身在创新创业教育中的重要地位和主导作用，切实转变育人观念，着力增强大学生服务国家与人民的社会责任感。教师教书育人观念的转变，是高等学校现在教育思想转变和教育观念更新的具体表现。现在，创新创业教育是围绕着创新这一本质与核心展开的，其中所强调的个性、创新性、实操性还有开放性都是其根本属性，创新创业教育早就不再局限于对学生专业知识的灌输，更注重的是对学生创新意识与创新精神的培养。

（2）创新创业教育能够促进教学模式创新。

创业创新教育有助于教学培养模式的创新，具体体现在：①人才培养模式的创新；②教学管理模式的创新。

创业创新教育是以创新精神为导向，建立新的人才培养方案和目标，主要体现在以下方面：

在学分构成上可以增设创新创业学分或提高创新创业内容所占比重。

在课程设置上将创新创业教育融入传统专业教育课程体系中，并为学生搭建创新创业实践平台，为学生提供更多实践机会。

在教学方法上要更加注重启发式与探究式相结合，在教学理念上更加注重理论性与实践性相结合，树立"以学生为主体""以学生为中心"的教学观念；从而推动人才培养模式真正实现创新。

在教学内容上应当注重培养学生将所学知识运用到实践的能力，发挥课堂对创新创业人才的培养作用。

在考核方式上应当注意课程考试的内容和方法要充分"考核"创新。教师作为高等教育在教师与学生之间所形成的教学关系和教学效果中的主导者，是课堂教学的主要实施者，要使广大教师坚持教学的创新性与互动性原则，自觉参与人才培养方案修订、人才培养目标与规格调整等教学设计规划活动。

在教学管理和教学监控上完善监控与管理机制，在教育实施的全过程对学生进行评估监测，并通过评估不断调节创业教育的推进状态，促进新型人才培养模式的形成。

（3）创新创业教育能够促进教育改革。

创新创业教育受到世界越来越多国家的关注，是顺应时代潮流的必然的教育改革趋势。全面推进素质教育，实现高等教育转型，培养适合社会与市场需求的创新型人才，也是我国高等教育改革工作的主要目标，创新创业型人才的培养也是适应社会主义市场经济发展要求的人才培养目标。知识经济时代的特征是科技产业发达、市场环境多变、产业变革迅速等，在这样的时代环境中创新与共享已经成为市场常态，因此，高等教育如何适应新时代的需求，培养符合时代潮流的创新型人才，是当下教育改革面临的重要课题。

（七）高校创新创业教育的优势

创新创业教育在特定的经济转型时期，能够为学生创造更多的就业机会，对缓解学生就业难的问题起到非常重要的作用。创业者通过自主创业，不但能够解决自己的就业问题，而且还能创造出大量就业岗位，帮助其他学生就业，从而较好地缓和社会岗位需求和劳动力资源之间的冲突，对现在社会就业难的问题起到较好的缓和作用，有利于促进社会的稳定、和谐发展。同时它还能在一定程度上改变人们的就业观念，倡导学生进行创新创业，为培养具有创业实战技能和创新精神的人才创造条件。因此在社会经济转型时期，创新创业教育是国内高校教育改革的一个重要方向。因此这也是时代赋予高校教育的重要责任。

1. 完善知识经济与社会经济的转型发展

知识经济是一种具有创新动力的资源，它将知识和科技信息的重要性放在传统的土地、原材料、资本和劳动力等资源之上，这是继以自然资源生产为核心的工业革命之后又一次重要的社会变革，如何将人的创新潜能最大化将是其主要任务。经济的发展必然是建立在知识提升的基础上，而创新型人才的培养将是提升知识的重要手段和途径，创新型人才是一种高素质、复合型的人才。在知识的传播、创造、转化和应用中，高校的作用极其重要，它将推动知识经济的发展和壮大。现在为了适应知识经济社会的发展需求，要求高校对人才培养做出适当的调整，其目标将转换为培养创新型人才，而非只是传统的就业型人才和应用型人才。因此培养具有强烈创新意识、创新精神以及创新实践能力的高素质、复合型人才也将成为经济转型时期中高校人才培养的首要目标和最终任务。

目前我国正面临着资源配置和经济发展方式的重要转变，这也正是社会主义市场经济转型的重要时期。对传统经济模式予以改革，才能适应未来经济社会发展的要求，促进国内经济的高速稳定发展。高校开展创新创业教育在一定程度上可以为国内经济社会转型保驾护航，从中涌现出大量的新兴工业和新兴产业，为经济发展创造新的增收点，使产业链得到更好的优化和延伸，为产业结构的完善和提升营造有利的市场环境。为了培养出既具备专业知识又具有创业实战技能的人才，需要高校在教育中融入创新创业培养理念，从而使学生具备更强的国际竞争力，这也是高校为适应社会主义市场经济转型所必须进行的改革目标。

2. 促进全民综合素质与教育改革的深化

创新创业教育改革要在传统教育和传统就业的基础上进行创新，有利于推动知识经济的发展，优化和改进市场经济体制，从而满足市场对人才的需求。对教育进行改革的最终目标是促进经济的增长。因此对传统教育进行改革是要采用创新式的学习方法和模式，用于面对新的挑战时，积极抓住新的机遇，从而促进国家稳定健康的发展。创新创业教育不仅积极促进受教育者转变传统的创业观念和就业理念，而且对人们的教育观念转变产生积极的影响。高校要基于本土的实际情况和教育现状，并结合优秀的教育经验展开具有创新意义的教育改革，为形成中国特色的创新创业教育特色而努力。

教育改革的各个方面都要进行创新改革，从而完成创新创业教育的顺利转型。提高全民综合素质，使创新创业教育人才真正发挥自己的所长，确保国内经济建设的稳定发展，这也将是国内在很长一段时间内创新创业教育改革的重要目标。从教学内容体系的角度而言，平衡专业和行业之间的关系，并且让专业得到拓展，构建和完善受教育者个性化的知识结构体系，这是创新创业教育改革所要达到的教育目标。从教学形式的角度而言，受教育者要具备强烈的创新创业意识，不但要发挥传统讲授教学方式的积极作用，同时还要丰富创新创业教育方法，让学生能够把握住商业发展机会，从而抓住创业机遇，寻找更合适的创业伙伴；还可以多参与各种形式的创业实践活动，积累丰富的实践经验和实践技能，为以后的创业做好准备，这都需要从根本上对传统教育功能进行改革和升级，促进社会、经济和教育三方的协调与发展，培养学生的创新精神，提高学生的实战技能，满足国家对创新型、复合型人才的需求。

创新创业教育不但能够使全民的综合素质得到有效提升，同时还能促进国内的高等教育改革，这是知识经济发展的必然方向，也是国家高等教育所必须面对的挑战和责任。我国的基本国情也需要进行创新创业教育改革，这已经引起社会各界的普遍关注。高校进行创新创意教育具有两个方面的内涵：一方面是创新创业教育活动的开展，将有利于培养学生的创业观念和创新精神，对整体国民素质的提升具有重要意义；另一方面是创新创业教育有利于完善和改进中国转型时期的高等教育内容体系。

3. 助力区域经济与学生个人素质的发展

（1）助力区域经济的发展。创新创业教育理念的深入发展，有利于挖掘和培养创新型人才，推动社会经济的稳定、快速发展，同时也对区域经济发展起到一定的支撑和推动作用。任何一个区域，都具有自己的特色产业和优势产业，这也是推动区域经济发展的重要内动力。而创业者更是区域经济发展的一个重要因素，他们的素质和能力都将直接影响着经济的发展，对区域经济的长期稳定发展有着至关重要的作用，同时还制约着企业创办数量的增长速度，这些都是衡量区域经济发展水平的重要因素。

（2）促进学生个人素质的发展。国家经济的高速发展，离不开高素质劳动者的努力付出和辛勤工作。而一个高素质的劳动者，不但需要在基础文化素质、技术、职业素质以及思想品德素质上达到一定水平，同时对创业素质有较高的要求。创业精神和开拓精神是一个高素质劳动者所必须具备的精神，也是推动社会主义现代化建设的重要条件和前提。创业者的目光不能只停留在提高自身能力和实现自我价值的层面，而更应该从国家富强的角度来看待自己的创业。创新创业素质是受教育者最基本的综合素质，它能有效引导受教育者向更高层次的素质发展。学生的创新创业发展可能是一个长期的、艰苦的过程，会遭受各种各样的难题，遇到各种各样的挑战，并受到来自外界和自身因素的影响。自身因素主要包括创新创业知识、素质、能力和意识等，需要对学生进行创新创业教育才能使其具备这些素质，并激发他们的创造潜能，发挥他们的优势，为其创造更具优势的市场竞争力，帮助创业者进行职业发展规划、体现自身社会价值。

在素质教育过程中，最主要的目标是培养学生的创业意识和提高学生的创业能力。一个人的创新潜能和动手实践能力将决定他能否创业成功。在创业中不能忽视创新的意义，它将直接影响着创业能力的大小，而创业的成功更离不开扎实的创新教育。创新和创业的本质是创新实践，所有的创新创业活动开展都是创新实践的体现，特别是高科技的创新创业，都需要通过创业实践证明其有效性。

　　创新教育比较重视对人的素质发展进行整体的了解，而创业教育则是注重帮助受教者实现自我价值和社会价值，这两者在本质上和内容上具有一定的相通性，两者是相互促进、相互制约的关系。创新创业教育是通过培养学生的创业技能和创业精神，从而促进其进行创业实践和创业训练，并不断培养学生创新能力的过程。创新教育和创业教育是紧密相连的、不可分割的关系。学生将是未来社会发展的主导者和承担者，因而培养他们的创新意识和创业精神，也将是高校教育改革的重要目标和方向。

二、以创新创业为导向下对电子商务人才的要求

　　第一，专业水平。电子商务本身是一门复合型的学科，电子商务与传统的贸易市场类似，两者都是通过服务来获取利润，在实际管理过程中要明确用户需求，做好针对性服务，才能够获得用户的青睐，进而进行关联交易。当下互联网经济快速发展，各类需求五花八门。电子商务专业的学生要了解市场环境，根据用户的需求延伸各个项目，要有较强的分析能力和判断能力，将自己所学知识与市场环境结合起来，做出专业的判断。

　　第二，创新思维。电子商务本身作为一种新型的商务形态，市场环境较为复杂，一旦自身与市场脱轨很容易被用户、被市场抛弃。在实际工作过程中，要求电子商务从业人员综合考量市场环境，不断调整商业战略，推出新型的服务类型。因此创新思维是电子商务人才所具备的基本思路，从业人员必须具有一定的创新意识，针对市场变化做出有效的预判，迎合用户的消费心理。

　　第三，宏观意识。电子商务是一个较为宏观的市场概念，在开放性的网络环境下，可以实现不同端到端的消费，在实际发展过程中形成了 B2B、B2C、C2C、B2M、M2C、B2A、O2O 等多重商务模式。作为电子商务从业人员，要以宏观视角来看待市场，在透过现象看本质，查找信息的内涵，从整体入手分析各个节点之间的联系，明确信息背后之间的拓扑式联系，快速定位客户的消费层次，实现精准预判。

　　第四，综合能力。综合能力体现在多方面，在任何工作岗位中都需要员工具有良好的工作态度、坚定的意志品格，相对而言电子商务的工作内容较为琐碎。基于心理学的角度出发，当工作态度变得消极之后，在工作中很容易出现错误，

对待客户烦躁。因此在创新创业模式下，学校要注重培养学生的综合素质，使学生拥有正确乐观的心态面对工作过程中的各项事务。

三、电子商务专业校企合作培养中存在的问题

第一，重理论轻实践。校企合作即为高校与企业之间相互合作，共同完成对电子商务专业人才的培养。在实施过程中，包括高校、企业、学生三方。高校作为主动方，在此过程中付出的资源成本较大。企业作为客方，往往需要一些经济回报，双方协商较为困难。学生在企业实习过程中，大部分以重复的客服工作为主，培养深度和实效性都难以达到校方的预期。

第二，课程设置不科学。电子商务本身是一项时效性较强的课程，在学习过程中要学习营销策划、网络营销推广、网络客服、网络销售、物流学等多门课程。校企合作专业课程因为时间有限，课程集中在几天时间内，更多的只停留在表面，电子商务专业教学内容与社会脱节，难以满足社会的现实要求。此外，高校的创新创业课程过于单薄，主要以比赛的模式开展，大部分学生敷衍了事，积极性不高。

第三，缺乏完善的实训平台。电子商务与其他专业不同，电子商务实战性较强，脱离了实际工作环境的理论过于理想化、枯燥化，学生很难实现学以致用，久而久之可能产生厌学心理。而电子商务实训平台需要大量资金的投入，高校的创新创业实训平台建设不够完善，在实际运营过程中存在着许多技术性问题，学生无法有效融入实训学习中。

第四，师资力量有限。电子商务在我国发展较晚，师资力量有限，大部分教师缺乏电子商务的工作经验。与此同时，电子商务技术更新速度较快，新技术与新产品层出不穷，部分教师故步自封，专业能力不足，案例讲解过于老旧。教师对创新竞赛项目不够重视，在讲课过程中准备不充分。

四、以创新创业为导向的电子商务专业校企合作培养模式的构建策略

（一）理论与实践协同发展

校企合作是培养电子商务人才一种有效的手段。为了保障校企合作顺利推行

学习，高校和企业要本着互惠互利的原则，明确自身的责任与义务。高校作为培养人才的摇篮，在培养过程中应该适度让利给企业，做好全面审查工作，定期检查学生的实际水平和专业能力，与企业做好沟通工作。企业也应该充分利用自身的平台，合理安排人员，带领学生快速适应环境，解答学生在实训过程中遇到的问题，寻找理论与实践之间的结合点。选择一些能力强、态度端正的学生，择优录取，降低人才培养的成本，促进企业可持续发展，构建闭环的人才培养体系。

例如，要带领学生分析淘宝、京东、拼多多等不同电商平台的运营模式，向学生介绍企业的整个战略计划，从宏观上入手进行分析，改变学生单一的思维模式。要结合外界市场的变化和用户需求的变化，改变传统的教学模式，以市场为主导，以需求为驱动，引导学生主动参与到讨论活动中，鼓励学生持续学习，学校应该定期邀请企业中的技术人员，给予学生专业化的指导，不断培养学生的创新意识与实践能力，深化学生对创业政策的认识。

（二）整合多种激励手段

电子商务本身具有网络互联、远程互交的特点，其经营模式不同于传统的实体经济，相对而言灵活性较强，因此电子商务专业的学生可以借助校内网络，通过线上完成企业分配的各项任务，突破了传统实训中时间和空间的限制，从而实行大规模的创新创业学习。教师应该本着民主平等的态度，鼓励学生发表自生看法，使学生真正参加到实训学习中，形成一种轻松愉悦的创新创业氛围。

例如，学校要搭建专业的实践基地和生产线，在各种活动中磨炼学生的创新意识，强化学生的基本素养，提高学生对创新创业的积极性，切实培养学生的创业技巧，通过"雏鹰计划""挑战杯""互联网+"等创业计划大赛，培养学生的市场洞察能力、团队协作能力、财务管理能力。学校要给予竞赛优秀学生奖状、参赛证书，提高学生参与的积极性。鼓励学生逐步参与到以市级、省级为单位的竞赛活动。学校要与企业联合，完善创新创业资金扶持体系，拨出一部分专门的竞赛资金，解除学生的后顾之忧，孵化优秀的竞赛项目，并设置专业的创新创业项目风险基金，以政策、学分等多种方式向学生提供多样化的支持。通过实践活动向学生传递电子商务行业的理念。

(三) 整合多种合作模式

校企合作是高校与企业联合起来建立的一种培养机制，校企合作能够改变传统的教学机制，以学生为中心，以项目为导向，真正实现因材施教。学校与企业之间的平台进行优势互补，有效节约了教育成本，是一种双赢的合作模式。因此作为教师应该综合考虑多种要素，采取不同的教学模式，助力学生的长远发展。

1. 订单式

订单式校企合作是一种贯穿性的校企合作模式，从招生教学到就业都由合作院系和企业共同设计人才培养计划，校企全过程联合培养，学生直接输送给企业。在理论讲解过程中更多地融入企业文化、企业产品等相关内容，实践教学包括顶岗实习、安排就业等多种方式，订单式是目前一种较为成熟的校企合作模式。例如，南通职业大学与阿里巴巴开展战略合作共建阿里巴巴数据中心培训学院，开创了"企业定向培训教学"直通"企业推荐就业"的全新校企合作模式。通过"学中做、做中学"人才培养模式，深化"专业与产业对接、课程与岗位对接、课堂与车间对接、科研与生产对接、实习与就业对接、培训与工种对接、老师与师傅对接、院长与厂长对接"等"八个对接"，顺应社会校企合作的趋势，解决市场上企业需求与学校供给差异化的问题。

2. 定制式

定制式的校企合作模式，实训课程主要集后学期。学生在学校完成基础的通识课、理论课的教育，实习主要集中在一个时间段内，企业在此过程中起考察培训等作用。

3. 孵化工厂

孵化工厂是近年来创新创业教育基础，其教育的本质是一种实践型教育模式，学校和企业深度合作，把企业中真实的项目流程引入校内，学生在教师的指导下完成项目运营，达到实践性学习的目的，孵化工厂最大的好处是能够在实验室里模拟真实的市场环境，在课堂上完成的作业都是企业中真实的项目。同时学校能够进行统一管理，从宏观上控制教学成本。

4. 企业外包服务

近年来电子商务行业快速发展，人才缺口较大，相对而言人才与市场需求之间存在差距。企业外包服务能够快速解决学生的实习就业问题，降低了学校的培训成本。学生在学校内完成理论课的教学后，会接受企业内的短期培训，在双选会议上直接签订三方就业协议，有效解决了人力缺乏的困境。企业外包服务这种模式灵活性较强，但缺乏有效的管理。

5. E 商工作室

E 商工作室是由教师选择优秀的学生直接加入项目组，在校内设置办公区、会议讨论区。E 商工作室本质上就属于一种小型企业，承接相应的创新创业项目，实现教学和实践零距离。

例如，南通职业大学技师学院与南通德时国际贸易有限公司构建了 O2O 的电商体验店，团队包括为线上团队和线下团队，线上团队主要是利用多种营销模式推销企业产品，线下团队注重常态化服务质量。线上线下相整合，使学生体验真实体验 O2O 的运营模式。

（四）提高师资力量

电子商务行业蓬勃发展，电子商务作为一个综合型学科，对教师的整体职业能力要求较高，因此作为教师应该不断提高自身的专业素养，适应日新月异的行业发展，提高自身的职业道德、职业素养和技能水平。在日常教学中，将学、练、工结合起来，以企业需求为导向，教师应该密切观察市场的走向和变化，通过创课体验式教学，体会任务—工作—职业—事业中的转变关系，为社会培养一批优秀的人才，使学生在真实场景中体会创新创业的重要性。

例如，应用型高校要强化日常的培训机制，加强对教师的专业审核，鼓励教师带领学生进行创新创业实践活动。作为教师，应该强化自身的实践体会，把真实的工作环境带到课堂中，提高自身的说服力，加强学生对行业的了解。借助模拟仿真软件，实行一体化教学，真正做到即学即练、学以致用，提高学生的职业敏感度。教师要尽量以网络技术为依托，将复杂的知识分解成一个一个小的模块，引导学生编写程序，鼓励学生完成动态网页的制作。在项目教学的过程中，避免理论知识的枯燥，激发学生的学习兴趣和学习热情。

　　总之，经济社会不断发展，电子商务行业对人才也提出了新的要求，在互联网技术深入发展的当下，教师要注重互联网技术科研成果的转化和实践应用，摒弃传统的单一型培养方式，积极响应党和国家的号召，从根本上培养学生的主人翁意识，进而提高学生的综合能力，帮助学生适应激烈的社会市场竞争。

第五章　应用型高校电子商务专业校企合作人才培养的路径选择

第一节　构建电子商务专业校企双主体协同育人机制

一、协同教育理论概述

（一）协同教育的内涵阐释

协同教育，顾名思义，是一种强调多方协作、共同参与的教育模式。它突破了传统教育中学校单方面主导的局面，倡导学校、家庭、企业乃至社会等多方力量的有机结合与深度合作。协同教育的内涵在于通过多元主体的协同作用，共同构建一个开放、包容、创新的教育生态系统，以实现教育资源的优化配置和人才培养质量的全面提升。

在协同教育的框架下，各方主体不再是孤立的个体，而是形成一个紧密联系的整体。学校作为教育的主阵地，负责提供基础教育和专业知识的传授；家庭作为学生的成长摇篮，对学生的性格塑造和价值观形成起着至关重要的作用；企业则通过提供实践平台和就业机会，帮助学生将所学知识转化为实际应用能力；社会则通过营造良好的文化氛围和提供丰富的教育资源，为人才培养提供有力支持。

（二）协同教育在人才培养中的应用价值

协同教育在人才培养中具有重要的应用价值。首先，它有助于打破教育资源的壁垒，实现资源的共享和优化配置。通过学校、家庭、企业等多元主体的协同合作，可以汇聚各方优势资源，为人才培养提供更为丰富和多元的教育资源。

其次，协同教育有助于提升学生的综合素质和创新能力。在协同教育的模式下，学生可以接触到更为广泛的知识领域和实践机会，从而拓宽视野、增强实践能力。同时，多元主体的互动与合作也有助于激发学生的创新思维和创造力。

最后，协同教育有助于推动教育的改革与发展。通过引入企业和社会等外部力量参与教育过程，可以推动教育内容的更新和教学方法的改进，使教育更加贴近市场需求和社会发展的实际需要。

二、校企双主体协同育人模式在当今时代下的应用优势

校企双主体协同人才培养模式，在当今时代下应用的重要优势，主要可以体现在以下六个方面。

第一，校企双主体协同育人模式，能够实现双主体办学，改变传统人才培养模式过程中的以学校为主体的单一模式。校企之间的合作能够最大程度地发挥教育教学资源，利用传统学校教学的优势和当今时代企业在人才培养方面的资源，调动促进学生全方位提高，实现跨平台双主体实践，实现校企合作人才培养的新模式。

第二，校企双主体协同育人模式能够根据企业的需求进行有针对性的人才培养。在传统人才培养过程中，学校没有与社会进行详细的连接，在人才培养方面秉持着全面发展的原则，传授给学生较多繁杂且系统的理论，虽然有助于学生的全面发展，但是并不能完全针对企业需求提升人才的某一方面特长与能力，将企业与学校进行深度沟通，能够对学生学习的相关内容和方向进行具体的规划和改变，促进学生更好地实现职业化学习方向。这种人才培养模式，在一定程度上改变了传统人才培养模式中的弊端，显著提升了人才培养的针对性和专业性。

第三，校企双主体协同育人模式能够实现教育资源的互补，利用企业先进的技术设备，提升学生的实践能力，建立校企合作实训基地和实践平台，促进学校和企业的共同发展。

第四，校企双主体协同人才培养模式能够以市场为导向进行专业设置，解决传统人才培养过程中的专业设置盲目的问题，并进一步加强学校与市场之间的结合，针对人才市场的需求，平衡学校与人才市场之间的关系，提升学生的综合就业能力和竞争能力。

第五，该模式的实施能够进一步促进校外实训实习基地的建设，优化学生实习实训的条件，利用企业的资金投入和资源投入，将企业的一部分转化成学校实习基地，增强学生学习体验，锻炼学生职业能力，帮助学校更新老旧设备，助力应用型人才和复合型人才的培养。

第六，校企双主体协同人才培养模式，能够强化学生对于企业的归属感和认同感，增强学生对于企业的了解，改变传统人才培养模式下学生与企业之间的陌生关系，培养学生吃苦耐劳的精神，及时更正学生对于职业的错误认知，让学生在真实的环境下，提前了解企业、认知企业。

三、校企双主体协同育人模式发展中存在的问题

电子商务专业开展校企双主体协同育人模式存在的问题如下三个。

第一，电子商务专业作为新兴专业，其发展模式和发展理念还不够成熟，这就导致在高校电子商务专业发展过程中，校企之间的合作对接不够紧密，影响了校企双主体协同育人模式的开展。在校企双主体协同育人模式发展过程中要保证产教融合，提高学校人才培养的综合质量以及企业的核心竞争能力和可持续发展能力，进一步推动我国产业技术创新和结构创新，充分利用企业的优质资源，实现人才素质的提升，但校企对接不紧密大大影响了这一环节的展开。

第二，电子商务专业校企双主体协同育人模式发展的一个重要问题是合作内容较为单一，在校企合作的过程中，不仅仅要在教育资源进行对接，还需要在人才培养理念、人才培养方式、人才学习课程内容开发、师资引入、校外实训基地建设和校内实践基地建设等方面进行深层次的合作和交流，以保证学校与企业在人才培养过程中能够守望互助，坚持着相同的原则和发展方向，共同促进人才培养质量的发展。但合作内容较为单一是当前高校普遍存在的问题，不能体现校企双主体协同育人模式的实质。

第三，校企双主体协同育人模式整体激励机制不够健全，既没有对电子商务专业领域产业发展贡献更加优质的人才，也没有对高校电子商务专业人才培养质量有十分显著的提升，这主要是由于缺乏政策支持和引导，没有利用政府的相关职能，以上是影响电子商务专业校企协同合作人才培养发展的重要因素。

四、校企双主体协同育人模式建设要坚持的原则

（一）双主体原则

双主体原则是校企协同人才培养模式中，高校应秉持企业参与、企业与学校共同主导的原则展开人才培养，企业作为与学校等同的人才培养主体，对于学生的成长和发展有重要的作用。尤其是在当前社会背景下，社会对于人才的实践能力更加看重，企业作为社会产业经济的一部分，对于社会人才的需要有全新的角度，更能够把握时代发展的趋势，对人才培养提出有针对性的建议。高校应该充分认识到企业在校企协同合作发展中扮演的重要角色，改变传统对于人才培养方面的认知和策略，要充分引入企业优质实践教育教学资源，进一步发挥传统学校教育的优势，将企业实践学习与培训与传统人才培养相结合，引导学生在全新的模式中进行学习，并建立起实践能力与理论知识架构之间的联系，充分调动学生的学习主动性和积极性，强化学生的学习效果。

（二）守正创新原则

在校企双主体协同育人模式的构建中要坚持守正创新原则，守正创新可以分为以下四个方面。

第一，要进行理念创新，就要充分认识到传统高校人才培养模式中存在的弊端和问题，并加以改进，要把握当前时代发展趋势，结合当前教育领域提出的新的人才培养理念，加强校企协同合作，实现校企双主体育人模式。要坚定以人为本，全面发展的观念，坚定学生在学习过程中的主导地位，共同发挥学校与企业的协同育人作用。

第二，高校要进行体系创新，改变传统高校育人体系，构建现代化职校体系，进一步促进当前高校教育教学综合质量提升。在构建体系方面，要强化内涵建设、凸显素质教育、促进专业沟通交流和校企沟通合作，以及学段之间的协作和沟通。

第三，高校要进行机制的创新，在政策机制方面，要注重将政府引入校企双主体协同育人模式中，以政府政策引导作为校企合作的引领和推进，发挥政府的

引导功能，建立起新的人才培养政策机制。在法律机制方面，要充分明确学校与企业双方的权责定位，重视制度管理，强化制度约束。在建立协调机制上，高校应该做好教学资源配置，发挥学校各部门之间的协同作用，设置不同的部门，全方位为人才质量的提升服务。

第四，高校还要建立互惠和制衡机制，要进一步满足校企双主体协同育人合作中的资源分配机制，要求打开多方治理格局，促进校企双主体协同育人模式的健康发展。

五、校企双主体协同育人模式的构建策略

（一）把握时代发展趋势，构筑学校与企业之间的沟通桥梁

电子商务专业作为新型专业领域，其发展在当今时代下具有一定的实用性，要想进一步促进电子商务专业校企双主体协同育人模式建设水平，就要把握时代发展趋势，构筑学校与企业之间的沟通桥梁，要以校企共建电子商务产业学院促进产教精准对接，还要充分融合当前教育领域广泛使用的课岗证教育模式以及1+X证书模式等，实现产教融合的发展。高校要以现代学徒制作为基础和跳板，实现产教之间的有机融合，要以企业技术设备资源促进产教协同发展，以校企师资双向互聘，促进高校教师队伍建设。在产教融合校企、协同合作人才培养模式的构建中，离不开企业与学校双方的共同努力。企业要与学校加强联系与合作，整合双方资源，共同打造产教融合管理制度。在人才培养中，企业要向学校提供优秀的产业人才，为学生提供实际的、有效的职业指引与专业指导，学生通过企业的大力支持，在学校中利用学校的优质教学资源，努力提升自身专业水准，完善自身职业道德和职业综合素质。学校要探索人才培养管理经验，落实人才实践培养基地，为学生打造合适的学习课程，制定合适的学习方法和策略，为学生在日后的工作中奠定优秀的基础。

学校要通过与企业的大力合作，共同完善人才培养顶层设计，构建出科学的现代职业教育体系。

（二）发挥政府职能作用，加强学校、企业、政府三方之间的契合度

在校企合作产教融合人才培养模式的建设和完善中，要发挥政府的引导作用

和支撑作用，为高效产教融合协同育人打造更加优良的环境。在人才培养中，政府要进行政策性引导，并且对高校进行更大力度的资源投入，进一步落实相关法律法规条例与制度。高校人才培养的主要目的是为当前社会和产业提供符合要求的、具有综合能力与复合型能力的优秀人才。因此，在人才培养上，政府应该重视产教融合人才培养模式的构建，促进企业与学校深度融合协同合作，共享资源，加大人才培养力度，为高校人才培养提供政策支持。并且政府要在人才培养过程中投入大量的资金，在经费上给予一定支持。从根本上讲，高校人才培养，对于经济体制建设有重要的意义。政府有必要在人才培养过程中进行强有力的物质支持和政策支持。在政府、学校、企业三方之间的合作结构上，首先，政府、学校和企业要在人才培养目标、人才培养方案、质量保障机制和教学评价机制上保证统一认定，要强化三方之间的合作基础。其次，在学校和企业之间，要进行师资队伍建设和实践基地共享，以保证学生的整体发展能够符合当前时代教育的整体需求，最后，电子商务专业中，对于产教融合政策的发挥和制定，以及电商人才培养政策，要充分发挥政府的契合作用，进一步优化校企双方合作质量，促进三方共同合作、互惠互利的发展。

总之，校企协同合作模式是基于当前我国社会发展的现状建立起来的新型人才培养策略，当前已经作为高校教育事业发展建设的重要方向开展研究，虽然当前企业与学校之间的合作仍然存在一些问题，但是在未来，校企协同人才培养模式必然会给我国高校教育质量带来质的飞跃。

第二节　优化电子商务专业课程设置与推进教学内容的改革

一、电子商务专业课程设置的现状分析

(一) 当前课程设置的主要问题

随着信息技术的快速发展和电子商务行业的日新月异，电子商务专业课程的

设置面临着诸多挑战。当前，电子商务专业课程设置存在的主要问题集中在理论与实践脱节以及课程内容滞后于行业发展两个方面。

首先，理论与实践脱节是当前电子商务专业课程设置中的一个突出问题。这导致学生虽然掌握了大量的理论知识，但在实际操作中却显得力不从心。电子商务作为一个实践性极强的专业，需要学生具备将理论知识应用于实际工作的能力，而现有的课程设置却无法充分满足这一需求。

其次，课程内容滞后于行业发展也是当前电子商务专业课程设置亟待解决的问题。电子商务行业正处于快速发展阶段，新的技术、模式、平台不断涌现。然而，现有的课程内容往往无法及时反映这些变化，导致学生所学知识与市场需求之间存在较大的差距。这不仅影响了学生的就业前景，而且制约了电子商务行业的持续发展。

（二）课程设置与学生需求及市场需求的匹配度分析

为了解决当前课程设置存在的主要问题，需要对课程设置与学生需求及市场需求的匹配度进行深入分析。

首先，针对学生需求进行调查与分析是至关重要的。通过问卷调查、座谈会等方式，可以收集到学生对于课程设置的具体需求和期望。例如，学生可能希望增加更多关于电子商务最新技术、营销策略等实用课程的比重，同时减少一些过于理论化、与实际工作脱节的内容。根据学生的需求，可以对课程进行有针对性的调整和优化，使其更加符合学生的期望和实际需求。

其次，市场需求预测与趋势分析也是不可或缺的一环。需要密切关注电子商务行业的发展动态，了解市场对人才的需求和变化。通过收集行业报告、企业招聘信息等数据，可以分析出电子商务行业未来的发展趋势和人才需求方向。基于这些分析结果，可以对课程进行前瞻性的调整，确保课程内容与市场需求相同步。

在分析了学生需求和市场需求之后，需要对课程设置进行综合性的评估和调整。一方面，可以根据学生的需求调整课程的比重和内容，增加实践课程的比重，提高学生的实践能力；另一方面，也可以根据市场需求调整课程的方向和重点，确保课程内容与行业发展保持同步。

此外，还需要建立一种动态的课程设置调整机制。由于电子商务行业发展迅速，市场需求和学生需求都可能发生变化。因此，需要定期对课程设置进行评估和调整，确保其始终与市场需求和学生需求相匹配。

同时，还应加强与企业的合作与交流。企业作为电子商务行业的主要参与者，对市场需求和人才需求有着深刻的理解。通过与企业的合作与交流，可以更加准确地把握市场需求的变化，为课程设置的调整提供有力的支持。

二、电子商务专业课程设置的优化策略

在当前的电子商务领域，技术的快速迭代和市场的不断变化对专业人才的培养提出了更高的要求。因此，电子商务专业的课程设置必须与时俱进，紧密贴合行业需求，以培养出具备扎实理论基础和实践能力的高素质人才。

（一）增设与行业需求紧密相关的课程

1. 新兴技术与趋势课程

随着电子商务技术的不断创新和发展，诸如大数据、云计算、人工智能、区块链等新兴技术已经成为推动行业发展的重要力量。因此，电子商务专业的课程设置应当注重引入这些新兴技术的相关知识。具体来说，可以开设"电子商务大数据技术""云计算在电子商务中的应用""人工智能与电子商务营销"等课程，使学生能够了解并掌握这些新兴技术在电子商务领域的应用和发展趋势。

2. 行业特色与实践课程

除了新兴技术课程外，还应根据电子商务行业的特色和实践需求，开设具有针对性的课程。例如，可以开设"跨境电子商务""电子商务物流管理""电子商务法律法规"等课程，这些课程能够帮助学生更好地了解电子商务行业的运营模式和规则，提高其在行业中的适应能力。同时，还应注重实践课程的设置，如"电子商务实践""电子商务创业实训"等，通过实际操作和实践训练，提高学生的实践能力和创新能力。

（二）强化理论与实践的结合

1. 实践教学环节的加强

电子商务专业的教学应强调理论与实践的结合，通过加强实践教学环节，提高学生的实际操作能力和解决问题的能力。具体而言，可以通过校企合作、实验教学、实训基地建设等方式，为学生提供更多的实践机会和平台。同时，还可以引入企业真实项目，让学生在实践中学习和应用理论知识，实现知识的转化和升华。

2. 案例教学与项目教学的引入

案例教学和项目教学是强化理论与实践结合的有效手段。案例教学通过引入行业典型案例，让学生在分析、讨论和解决问题的过程中，深入理解电子商务的理论知识和实践应用。项目教学则通过组织学生参与实际项目，让学生在项目实施过程中，综合运用所学知识，提高实践能力和团队协作能力。通过这两种教学方法的引入，可以使学生更好地将理论知识与实践相结合，提高学习效果和人才培养质量。

电子商务作为一个迅速发展的领域，其教学内容的改革与创新对于培养具备创新精神和实践能力的高素质人才至关重要。教学内容的改革与创新应紧密围绕行业需求和技术发展趋势，注重引入行业前沿知识与技术，同时创新教学方法与手段，以提升教学效果和学习体验。

三、教学内容的改革与创新

（一）引入行业前沿知识与技术

1. 最新研究成果与技术动态

在电子商务专业的教学过程中，应注重引入行业内的最新研究成果和技术动态。这包括但不限于电子商务平台的创新模式、大数据在电子商务中的应用、人工智能驱动的个性化推荐等。通过将这些前沿知识融入教学内容，可以使学生了解电子商务领域的最新发展，拓宽他们的视野，激发他们的创新思维。

此外，还可以通过开设专题讲座或研讨会的形式，邀请行业内的专家学者或企业代表来校分享他们的研究成果和实践经验。这种形式的交流不仅可以使学生接触到行业前沿知识，还可以为他们提供与业内专家直接对话的机会，从而加深他们对电子商务行业的理解和认识。

2. 行业专家的讲座与指导

引入行业专家参与教学活动是教学内容改革与创新的重要途径。行业专家具有丰富的实践经验和深厚的专业知识，他们的讲座和指导能够为学生提供宝贵的学习资源和启示。

可以定期邀请行业专家来校进行授课或开设讲座，与学生分享他们在电子商务领域的实践经验、成功案例和心得体会。这种形式的互动可以帮助学生更好地了解行业现状和发展趋势，激发他们对电子商务行业的兴趣和热情。

同时，还可以建立行业专家指导机制，邀请他们担任学生的导师或顾问，为学生提供个性化的指导和建议。通过与行业专家的深入交流和学习，学生可以更好地了解行业需求和职业发展方向，为未来的职业生涯做好充分准备。

(二) 教学方法与手段的创新

1. 线上线下混合式教学

随着信息技术的快速发展，线上线下混合式教学已经成为一种趋势。这种教学模式可以充分利用线上资源和线下教学的优势，为学生提供更加灵活和便捷的学习方式。

在电子商务专业的教学中，可以运用线上线下混合式教学的方式，将传统的课堂教学与线上自主学习相结合。通过线上平台提供丰富的教学资源和互动工具，学生可以随时随地进行自主学习和讨论。线下课堂则侧重于面对面的交流和指导，教师可以针对学生的问题和需求进行有针对性的解答和指导。

这种教学模式不仅可以提高学生的学习效率和自主性，还可以促进师生之间的交流和互动，增强教学效果和学习体验。

2. 互动式教学与小组讨论

互动式教学与小组讨论是提升教学效果和学习体验的有效手段。在电子商务专业的教学中，应注重运用这两种教学方法。

互动式教学可以通过提问、讨论、案例分析等方式，引导学生积极参与课堂活动，发表自己的观点和见解。这种形式的教学可以激发学生的学习兴趣和主动性，培养他们的思维能力和表达能力。

小组讨论则可以帮助学生更好地理解和掌握知识，培养他们的团队协作能力和解决问题的能力。通过小组讨论，学生可以相互交流观点和经验，共同探讨问题的解决方案，从而加深对电子商务行业的理解和认识。

第三节　提升电子商务专业教师的实践教学能力

一、提升专业教师实践教学能力的途径与方法

在电子商务教育领域，教师的实践教学能力不仅关乎学生的技能掌握程度，更直接影响到学生未来在行业中的竞争力。因此，提升专业教师的实践教学能力成为一项迫切的任务。下面从加强教师的企业实践经历和引入行业专家与优秀教师进行经验分享与培训两个方面，探讨提升专业教师实践教学能力的有效途径与方法。

（一）加强教师的企业实践经历

教师的企业实践经历是提升其实践教学能力的重要途径。通过深入企业，教师可以更直观地了解行业运作模式和市场需求，从而将其融入教学中，使教学内容更贴近实际。

1. 企业挂职锻炼与实习

教师可通过在企业挂职锻炼或实习的方式，深入企业一线，亲身体验企业的运营管理和业务开展。通过与企业员工的合作与交流，教师可以了解企业的实际运作流程、业务模式和市场需求，进而将这些实践经验转化为教学资源，丰富教学内容。

此外，企业在运营过程中会遇到各种实际问题，教师需要积极参与解决这些

问题，从而锻炼自己的实践能力和问题解决能力。这些经验不仅有助于提升教师的实践教学能力，还能使其更好地指导学生解决实际问题。

2. 参与企业项目研发与咨询

参与企业的项目研发与咨询工作是教师提升实践教学能力的又一有效途径。通过参与企业的研发项目，教师可以了解最新的技术应用和研发趋势，将其引入教学中，使学生掌握行业前沿知识。

同时，教师在参与企业咨询的过程中，需要针对企业的实际问题提出解决方案，这要求教师必须具备扎实的理论基础和丰富的实践经验。因此，参与企业咨询工作有助于教师将理论知识与实践经验相结合，提升其解决实际问题的能力。

（二）引入行业专家与优秀教师进行经验分享与培训

除了加强教师的企业实践经历外，引入行业专家与优秀教师进行经验分享与培训也是提升专业教师实践教学能力的有效方法。

1. 行业专家讲座与工作坊

学校可以定期邀请行业内的专家来校举办讲座或开设工作坊，与教师分享行业最新动态、技术发展趋势以及实践经验。通过与行业专家的交流，教师可以了解行业前沿知识，拓宽视野，提升教学水平。

工作坊的形式可以让教师在专家的指导下进行实践操作，通过亲身参与和体验，教师能够更深入地了解行业的实际操作流程和技巧，从而将其融入教学中，提升学生的实践操作能力。

2. 优秀教师教学经验交流

优秀教师是教学实践的典范，他们的教学经验和心得对于其他教师来说具有宝贵的参考价值。学校可以组织优秀教师进行教学经验交流，分享他们在实践教学中的成功案例、教学方法和技巧等。

通过交流学习，教师可以借鉴优秀教师的教学经验，提升自己的教学水平。同时，这种交流也有助于形成良好的教学氛围，促进教师之间的合作与共同成长。

综上所述，通过这些措施的实施，可以推动电子商务专业教师实践教学能力的提升，为培养更多具备实际操作能力和职业素养的电子商务专业人才奠定坚实基础。

二、建立实践教学能力的激励机制与评价体系

在电子商务专业教育中，实践教学能力的培养与提升是保障教学质量和提升学生实际操作能力的关键环节。为了有效激励教师积极投入实践教学工作，并客观评价其实践教学能力，建立一套科学、合理的激励机制与评价体系显得尤为重要。

（一）实践教学成果的认定与奖励

实践教学成果的认定与奖励是激发教师实践教学热情的重要手段。通过设立教学成果奖和资助实践教学项目，可以充分肯定教师的实践教学成果，激励其进一步深入实践教学工作。

1. 教学成果奖的设立

教学成果奖是对教师在实践教学工作中取得的卓越成绩进行表彰和奖励的一种形式。学校可以设立专门的实践教学成果奖，明确奖励标准和评审程序，确保奖励的公正性和权威性。获奖教师不仅可以获得荣誉证书和奖金等物质奖励，还能在职称晋升、岗位聘任等方面获得优先考虑，从而激发其深入实践教学工作的积极性。

教学成果奖的设立应关注实践教学的创新性和实效性，注重评价教师在实践教学方法、手段、内容等方面的改革与创新，以及对学生实际操作能力和职业素养的提升效果。同时，评审过程应公开透明，广泛征求同行专家和学生意见，确保奖励的公正性和客观性。

2. 实践教学项目的资助

实践教学项目的开展需要教师投入大量的时间和精力，同时也需要一定的经费支持。为了鼓励教师积极申报和实践教学项目，学校可以设立实践教学项目资助基金，为教师提供必要的经费支持。资助项目可以包括实践教学课程的开发、实践教学基地的建设、实践教学方法的创新等方面。

在资助项目的申请和评审过程中，学校应注重项目的创新性、实用性和可行性，鼓励教师开展具有行业特色和应用价值的实践教学项目。同时，学校应加强对资助项目的监管和评估，确保项目经费的合理使用和项目的有效实施。

（二）实践教学能力的评价与反馈

实践教学能力的评价与反馈是提升教师实践教学能力的重要环节。通过完善教学评价体系和建立反馈机制，可以全面了解教师的实践教学水平，帮助其发现不足并制定改进措施。

1. 教学评价体系的完善

完善的教学评价体系是客观评价教师实践教学能力的基础。学校应建立包括学生评价、同行评价、专家评价等多元化的评价主体，从多个角度全面反映教师的实践教学能力。同时，评价体系应注重实践教学的过程性评价和结果性评价相结合，既关注教师在实践教学过程中的表现，又重视实践教学成果的质量和影响力。

在评价过程中，学校应制定明确的评价标准和指标，确保评价的客观性和可操作性。同时，应注重评价的公正性和公平性，避免主观臆断和偏见对评价结果的影响。此外，学校还应加强对评价结果的运用和反馈，将评价结果作为教师职称晋升、岗位聘任和奖励的重要依据，激励教师不断提升实践教学能力。

2. 反馈机制的建立与改进

反馈机制是帮助教师了解自身实践教学能力不足并制定改进措施的关键环节。学校应建立有效的反馈机制，及时向教师提供关于其实践教学能力的评价信息和改进建议。

反馈机制可以通过多种渠道实现，如定期的教学反馈会议、个别指导与咨询、在线评价系统等。在反馈过程中，应注重与教师的沟通和交流，充分听取教师的意见和建议，共同制订改进措施和发展计划。同时，学校应关注反馈信息的准确性和针对性，确保反馈内容对教师实践教学能力的提升具有实际指导意义。

此外，学校还应加强对反馈机制的改进和优化，不断完善反馈流程和方式，提高反馈的及时性和有效性。通过持续改进反馈机制，可以更好地支持教师的专业发展，推动实践教学能力的不断提升。

综上所述，这些措施的实施将有助于推动电子商务专业教育的持续发展，培养出更多具备实际操作能力和职业素养的优秀人才。

第四节　规范电子商务专业实践教学环节的管理与评估

一、实践教学环节管理的现状分析

实践教学环节作为电子商务专业教育中的重要组成部分，其管理水平的高低直接关系到教学质量的优劣和人才培养的效果。然而，当前实践教学环节的管理现状并不尽如人意，还存在一些亟待解决的问题。下文将从管理机制与制度的不完善以及实践教学过程的质量控制问题两个方面，对实践教学环节管理的现状进行深入分析。

（一）管理机制与制度的不完善

管理机制与制度的不完善是制约实践教学环节发展的重要因素之一。具体表现在实践教学管理制度的缺失以及实践教学资源的分配不均两个方面。

1. 实践教学管理制度的缺失

实践教学管理制度是保障实践教学有序进行的基础。然而，目前许多学校尚未建立起完善的实践教学管理制度，导致实践教学的组织、实施、评估等环节缺乏明确的指导和规范。由于缺乏统一的管理标准，实践教学活动的开展往往呈现出较大的随意性和不确定性，难以保证教学质量和效果。

此外，实践教学管理制度的缺失还体现在对实践教学的监督与激励机制不足。学校缺乏对实践教学活动的有效监督和评估，导致实践教学中的问题难以及时发现和解决。同时，缺乏明确的激励机制也影响了教师投入实践教学的积极性和热情，进一步制约了实践教学的发展。

2. 实践教学资源的分配不均

实践教学资源的分配不均是导致实践教学环节发展不均衡的重要原因。由于不同学校、不同专业之间的实践教学资源条件差异较大，导致实践教学活动的开展水平和质量参差不齐。一些学校由于经费、场地等限制，无法为实践教学提供充足的物质保障，使得实践教学难以有效开展。

此外，实践教学资源的分配不均还体现在师资力量上。一些学校缺乏具有丰富实践经验和教学能力的实践教师，导致实践教学的指导力量不足，难以满足学生的实际需求。同时，一些学校对实践教学的投入不足，也影响了实践教学的质量和效果。

（二）实践教学过程的质量控制问题

实践教学过程的质量控制是保证实践教学效果的关键环节。然而，目前实践教学过程的质量控制仍存在一些问题，主要表现在实践教学的标准化与规范化以及实践教学效果的监测与反馈两个方面。

1. 实践教学的标准化与规范化

实践教学的标准化与规范化是保证实践教学质量的重要手段。然而，目前实践教学的标准化与规范化程度较低，缺乏统一的教学大纲、教学计划和评价标准。这导致实践教学的开展往往依赖于教师的个人经验和主观判断，难以保证教学质量的一致性和稳定性。

2. 实践教学效果的监测与反馈

实践教学效果的监测与反馈是优化实践教学过程、提升实践教学效果的重要途径。然而，目前实践教学效果的监测与反馈机制尚不完善，缺乏对实践教学效果的定期评估和反馈。这导致实践教学中的问题难以被及时发现和解决，影响了实践教学的持续改进和提升。

二、实践教学环节管理的规范与优化

实践教学环节在电子商务专业教育中占据举足轻重的地位，其管理的规范与优化直接关系到人才培养的质量与效果。因此，本文将从完善实践教学管理制度与流程以及加强实践教学过程的质量控制两个方面，深入探讨实践教学环节管理的规范与优化策略。

（一）完善实践教学管理制度与流程

实践教学管理制度与流程的完善是实践教学规范化、标准化的基础，对于提升实践教学质量具有至关重要的作用。

1. 制定实践教学管理规定

首先，制定详尽且具备可操作性的实践教学管理规定是确保实践教学有序进行的首要任务。这些规定应明确实践教学的目标、内容、形式、要求以及评价标准等，为实践教学的组织与实施提供明确的指导。同时，管理规定还应涵盖实践教学的计划制订、实施过程、结果反馈等各个环节，确保实践教学的全过程都受到有效的管理和监控。

在制定实践教学管理规定时，应注重规定的科学性和前瞻性。要结合电子商务专业的特点和发展趋势，充分考虑行业对人才实践能力的需求，确保实践教学管理规定既符合教育规律，又能满足行业需求。

此外，实践教学管理规定的制定还应注重参与性和民主性。要广泛征求教师、学生和管理人员的意见和建议，充分吸纳各方的智慧和力量，确保实践教学管理规定能够真正反映各方的需求和利益。

2. 优化实践教学资源配置

实践教学资源的合理配置是提升实践教学效果的关键。针对当前实践教学资源分配不均、利用效率不高的问题，应从以下三个方面进行优化。

首先，加大实践教学经费的投入，确保实践教学有足够的物质保障。学校应根据实践教学的需求，合理安排经费预算，确保实践教学的顺利开展。

其次，加强实践教学基地的建设和管理。实践教学基地是实践教学的重要场所，其建设和管理水平直接影响实践教学的效果。因此，学校应加强与企业的合作，共同建设和管理实践教学基地，为学生提供更多的实践机会和更好的实践环境。

最后，加强实践教学师资队伍的建设。实践教学师资队伍的素质和能力直接影响到实践教学的质量。学校应加强对实践教学师资队伍的培养和引进，提升他们的实践能力和教学水平，为实践教学提供有力的师资保障。

（二）加强实践教学过程的质量控制

实践教学过程的质量控制是确保实践教学质量的关键环节。通过建立实践教学质量标准和实施实践教学的监督检查，可以有效提升实践教学的质量和效果。

1. 建立实践教学质量标准

实践教学质量标准是衡量实践教学效果的重要依据。学校应根据电子商务专业的特点和教学要求，制定科学合理的实践教学质量标准。这些标准应涵盖实践教学的各个环节和方面，包括实践教学的目标、内容、方法、效果等。同时，标准应具有可操作性和可评估性，能够为实践教学的质量评价提供明确的依据。

在建立实践教学质量标准时，应注重标准的科学性和前瞻性。要结合行业的发展趋势和人才的需求变化，及时调整和完善实践教学质量标准，确保标准能够真正反映实践教学的实际需求和效果。

此外，还应注重实践教学质量标准的宣传和推广。要通过各种途径和方式，让教师和学生了解并熟悉实践教学质量标准，增强他们的质量意识和标准意识，促进实践教学的规范化发展。

2. 实施实践教学的监督检查

实践教学的监督检查是确保实践教学质量的重要手段。学校应建立完善的实践教学监督检查机制，定期对实践教学的开展情况进行检查和评估。监督检查的内容应涵盖实践教学的各个方面，包括实践教学的组织情况、教学计划的执行情况、教学方法的运用情况等。通过监督检查，可以及时发现实践教学中存在的问题和不足，并采取相应的措施进行改进。

在实施实践教学的监督检查时，应注重监督检查的公正性和客观性。要制定科学合理的监督检查方案，明确监督检查的标准和程序，确保监督检查结果的公正性和客观性。同时，还应注重监督检查的反馈和改进。要及时将监督检查结果反馈给相关单位和个人，帮助他们了解实践教学的实际情况和存在的问题，并制定相应的改进措施，提升实践教学的质量和效果。

综上所述，通过制定实践教学管理规定、优化实践教学资源配置、建立实践教学质量标准和实施实践教学的监督检查等措施的实施，可以推动实践教学环节的规范与优化，为培养具有创新能力和实践能力的电子商务专业人才提供有力保障。

三、实践教学环节评估体系的构建与实施

实践教学环节评估体系的构建与实施，是确保实践教学质量的重要手段，也是推动实践教学改革和创新的关键环节。一个科学、合理的评估体系不仅能够客观反映实践教学的实际情况，还能为实践教学管理提供有力的决策依据。因此，构建并实施一个完善的实践教学环节评估体系具有重要的理论和实践意义。

（一）评估指标的选择与权重分配

评估指标的选择与权重分配是构建实践教学环节评估体系的核心内容。评估指标的选择应紧密结合电子商务专业的特点和实践教学的目标，确保指标能够全面、准确地反映实践教学的质量和效果。

1. 实践教学成果评估指标

实践教学成果评估指标主要关注学生在实践教学环节中所获得的知识、技能和能力提升情况。具体指标可以包括：学生实践作品的创新性、实用性、完成度等；学生在实践过程中的问题解决能力、团队协作能力、沟通能力等；学生实践成果在行业内的认可度；等等。这些指标能够直接反映实践教学的效果，是衡量实践教学质量的重要依据。

在权重分配上，应根据不同指标的重要性和影响程度进行合理分配。例如，对于创新性、实用性等能够体现学生综合素质的指标，应赋予较高的权重；而对于完成度、认可度等相对次要的指标，则可以适当降低权重。

2. 实践教学过程评估指标

实践教学过程评估指标主要关注实践教学的组织、实施和管理情况。具体指标可以包括：实践教学的计划性、规范性、创新性；实践教学资源的配置和利用情况；实践教学师资队伍的素质和能力；实践教学的安全保障；等等。这些指标能够反映实践教学的管理水平和教学质量，是评估实践教学过程的重要依据。

在权重分配上，同样需要根据不同指标的重要性和影响程度进行合理分配。

例如，对于实践教学的计划性、规范性等能够体现教学管理水平的指标，应赋予较高的权重；而对于实践教学资源的配置和利用情况等相对次要的指标，则可以适当降低权重。

（二）评估方法的确定与实施

评估方法的确定与实施是确保评估结果客观、准确的关键环节。在确定评估方法时，应充分考虑实践教学的特点和评估指标的性质，选择适当的评估方法进行实施。

1. 定量评估与定性评估相结合

定量评估主要通过数据收集、统计分析等方法对实践教学的各项指标进行量化评估。例如，可以通过统计学生实践作品的数量、质量、获奖情况等指标来评估实践教学的成果；通过统计实践教学的课时数、学生参与度、教师满意度等指标来评估实践教学的过程。定量评估具有客观性强、可比性好等优点，能够直观地反映实践教学的整体情况。

定性评估则主要通过观察、访谈、案例分析等方法对实践教学的各项指标进行描述性评估。例如，可以通过观察学生在实践过程中的表现、访谈教师和学生了解实践教学的实施情况、分析实践教学案例等方式来评估实践教学的质量和效果。定性评估能够深入了解实践教学的细节和特点，有助于发现教学中存在的问题和不足。

在实施评估时，应将定量评估与定性评估相结合，充分利用两种评估方法的优势，确保评估结果的全面性和准确性。

2. 评估结果的反馈与应用

评估结果的反馈与应用是评估工作的最终目的。

在反馈评估结果时，应注重结果的解释和说明，确保相关单位和个人能够准确理解评估结果的含义和背后的原因。同时，还应根据评估结果提出具体的改进建议和方向，为实践教学改革和创新提供有益的参考。

在应用评估结果时，应注重结果的针对性和可操作性。应根据评估结果调整实践教学的计划、方法和手段，优化实践教学资源配置和管理，提升实践教学的质量和效果。同时，还应建立评估结果的跟踪监测机制，定期对评估结果的实施情况进行检查和评估，确保评估结果得到有效应用。

综上所述，构建并实施一个完善的实践教学环节评估体系是提升电子商务专业实践教学质量的重要途径。通过合理选择评估指标、科学分配权重、确定并实施评估方法以及有效反馈和应用评估结果等措施的实施，可以推动实践教学环节的持续改进和创新发展，为培养具有创新能力和实践能力的电子商务专业人才提供有力保障。

总 结

本研究聚焦于应用型高校电子商务专业校企合作人才培养模式的探索与实践，通过深入的理论分析和实践研究，得出了一系列具有指导意义的结论。

首先，研究揭示了校企合作在电子商务专业人才培养中的核心地位。校企合作不仅有助于提升学生的实践能力和职业素养，而且能够帮助学生更好地适应市场需求和行业变化。通过校企合作，学生能够在实践中深化理论知识，提升解决问题的能力，为未来的职业发展奠定坚实基础。

其次，研究提出了多种创新的校企合作模式。这些模式包括"双证融通"人才培养模式、互联网思维下的校企合作模式、基于工作室的校企合作模式以及以创新创业为导向的校企合作培养模式等。这些模式各具特色，既能够充分利用学校和企业的资源优势，又能够有效提升学生的实践能力和创新能力，为电子商务行业的发展注入了新的活力。

再次，研究还强调了校企合作在人才培养路径选择中的重要性。通过构建校企双主体协同育人机制、优化课程设置与教学内容改革、提升教师实践教学能力以及规范实践教学环节的管理与评估等策略，可以有效提升校企合作的效果和人才培养的质量。这些策略的实施需要学校、企业和政府等多方面的共同努力和配合。

最后，本研究指出了未来校企合作的发展方向。随着电子商务行业的快速发展和技术的不断创新，校企合作需要更加紧密地结合市场需求和行业趋势，不断探索新的合作模式和人才培养路径。同时，还需要加强对学生创新能力、实践能力以及团队协作能力的培养，以适应未来电子商务行业的多元化和复杂化需求。

综上所述，本研究通过深入的理论分析和实践研究，为应用型高校电子商务专业校企合作人才培养提供了有益的参考和借鉴。未来，我们将继续关注校企合作的发展动态和实践成果，为电子商务行业的人才培养贡献更多的智慧和力量。

参考文献

[1] 鲍杰，毛应爽，于萍. 面向企业需求的电子商务人才培养模式研究 [J]. 电子商务，2017 (08)：59, 87.

[2] 曹春益. 基于工作室的高职电子商务专业校企合作模式的探索与实践 [J]. 电子商务，2012 (02)：88-89.

[3] 陈海钰. 基于互联网思维的高职电子商务专业校企合作模式研究 [J]. 佳木斯职业学院学报，2019 (05)：257-258.

[4] 崔艳清. 探索电子商务人才培养新模式 [J]. 人力资源，2020 (22)：53-54.

[5] 董凤愿. "校企合作"框架下电子商务专业人才培养模式改革 [J]. 商业经济，2018 (10)：89-90.

[6] 葛茂奎，张然，许春蕾，等. 基于协同育人视角下创新创业教育课程与实践体系研究 [J]. 经济师，2022 (3)：154.

[7] 何佳林. 以工作室为模式的电子商务人才培养的改革 [J]. 现代经济信息，2017 (08)：437.

[8] 胡平，吴玲. 电子商务技能型人才培养模式探究 [J]. 商场现代化，2021 (17)：31-33.

[9] 李傲霜. 数智化+专业集群下电子商务人才培养模式重构 [J]. 黑龙江教育（高教研究与评估），2022 (10)：61-64.

[10] 李本义. 通识教育导论 [M]. 武汉：长江出版社，2017.

[11] 李红艳，赵悦. 转型背景下基于校企合作电子商务专业创新人才培养探讨 [J]. 教育现代化，2018, 5 (05)：32-33.

[12] 李婧. 基于产教融合视角的现代学徒制电子商务人才培养模式探索 [J]. 创新创业理论研究与实践，2023, 6 (22)：111-113, 117.

[13] 梁根琴. "互联网+"背景下的电子商务人才培养模式研究 [J]. 才智，

2019（32）：72.

[14] 刘春应. 基于校企合作的电子商务人才培养模式研究［J］. 市场论坛，2020（08）：110-112.

[15] 伦墨华. 大数据背景下的电子商务人才培养模式改进研究［J］. 商场现代化，2019（09）：49-50.

[16] 潘懋元. 应用型人才培养的理论与实践［M］. 厦门：厦门大学出版社，2011.

[17] 沈洪男. 校企融合模式下的电子商务人才培养［J］. 人才资源开发，2021（07）：70-71.

[18] 孙学进，尹成波，石淑翠. 应用型本科院校电子商务人才培养模式的创新［J］. 电脑知识与技术，2019，15（17）：301-302.

[19] 汤少梁. 电子商务专业导论［M］. 南京：东南大学出版社，2014.

[20] 汪波. 创新创业导向下地方高校电子商务人才培养模式研究［J］. 商业经济，2019（09）：85-86.

[21] 王帮元. 现代电子商务人才培养模式改革与管理［M］. 合肥：中国科学技术大学出版社，2015.

[22] 王丹，杨明. 5G 对电子商务人才培养模式的影响［J］. 现代经济信息，2019（21）：413.

[23] 王国玲. 高职电子商务专业"双证融通"人才培养模式探索——以长春职业技术学院为例［J］. 职业技术教育，2012，33（20）：20-21.

[24] 王洪才. 创新创业教育：中国特色的高等教育发展理念［J］. 南京师大学报（社会科学版），2021（6）：38.

[25] 韦婉辰，唐艺青. 校企合作背景下电子商务人才培养路径探析［J］. 轻工科技，2023，39（02）：136-138.

[26] 吴彦艳，张丽霞，陈丽. 基于市场需求的电子商务人才培养模式探析［J］. 商场现代化，2021（10）：31-33.

[27] 武峰. 以创新创业为导向的电子商务专业校企合作培养模式研究［J］. 中国市场，2016（10）：121-123，128.

[28] 谢剑虹. 职业院校校企合作研究的理论与实践［M］. 长沙：湖南人民出版

社，2017.

[29] 薛川. 高等学校校企合作模式与人才培养研究［M］. 北京：中国原子能出版社，2020.

[30] 杨婷婷. 校企合作背景下电子商务专业人才培养模式创新的思考［J］. 产业与科技论坛，2023，22（07）：247-249.

[31] 易珍琴，江敏. 电子商务专业"专创融合"人才培养模式分析［J］. 营销界，2023（15）：122-124.

[32] 尹汉雄，于跃. 高职院校电子商务专业建设与人才培养研究［M］. 北京：群言出版社，2023.

[33] 尹明. 电子商务专业人才培养模式探讨［J］. 经贸实践，2018（19）：193.

[34] 于万成. 校企合作创新之路［M］. 北京：机械工业出版社，2020.

[35] 余旺科. 应用型电子商务专业人才培养模式创新研究［J］. 现代职业教育，2018（25）：216-217.

[36] 张小曼. 高校电子商务专业人才培养模式探讨［J］. 产业创新研究，2022（13）：196-198.

[37] 张馨予. 电子商务专业校企双主体协同育人模式分析［J］. 人才资源开发，2023（15）：75-77.

[38] 赵晨阳，张毅，蒋胜利. 基于校企合作的电子商务专业"分阶段递进式"实践教学体系构建研究［J］. 创新创业理论研究与实践，2023，6（15）：91-93.

[39] 赵大伟. 互联网思维"独孤九剑"［M］. 北京：机械工业出版社，2014.

[40] 周钱慧. 以就业为导向的电子商务人才培养模式研究［J］. 智库时代，2017（12）：40，42.

[41] 朱春红. 企业管理［M］. 沈阳：东北大学出版社，2013.